Smaki Indii

Książka Kucharska dla Początkujących

Priya Patel

indeks

Raita czosnkowa 18
    Składniki 18
    metoda 18
mieszana raita warzywna 19
    Składniki 19
    metoda 19
boondi raita 20
    Składniki 20
    metoda 20
Raita z kalafiora 21
    Składniki 21
    metoda 22
Kapusta Raita 23
    Składniki 23
    metoda 23
Raita buraczana 24
    Składniki 24
    metoda 24
Raita z kiełkujących roślin strączkowych 25
    Składniki 25
    metoda 25
Makaron Z Budyniem Raita 26
    Składniki 26

- metoda 26
- Mente Raita 27
  - Składniki 27
  - metoda 27
- raita z bakłażana 28
  - Składniki 28
  - metoda 28
- raita z szafranem 29
  - Składniki 29
  - metoda 29
- yam raita 30
  - Składniki 30
  - metoda 31
- Okra Raita 32
  - Składniki 32
  - metoda 32
- Chrupiące Ciasto Szpinakowe 33
  - Składniki 33
  - metoda 33
- rava dosa 35
  - Składniki 35
  - metoda 35
- Czekaj Doodhi 37
  - Składniki 37
  - Na biały sos: 37
  - metoda 37
- patra 39

Składniki 39

Do pomiaru: 39

metoda 40

kebab z kurczaka nargisi 41

Składniki 41

metoda 42

Sev Puris ze słoną polewą 43

Składniki 43

metoda 44

Specjalna rolka 45

Składniki 45

metoda 46

smażona kolokazja 47

Składniki 47

metoda 48

Mieszana Dhal Dosa 49

Składniki 49

metoda 49

Słodycze Mekai 50

Składniki 50

metoda 51

Hara Bhara Kebab 52

Składniki 52

metoda 52

ryba pakoda 54

Składniki 54

metoda 55

szaszłyk 56
- Składniki 56
- metoda 57

podstawowa dhokla 58
- Składniki 58
- metoda 59

ada 60
- Składniki 60
- metoda 61

dwupiętrowa dhokla 62
- Składniki 62
- metoda 63

Siadaj Vada 64
- Składniki 64
- metoda 64

Bhakar Wadi 65
- Składniki 65
- metoda 65

Mangaloreański Chaat 67
- Składniki 67
- metoda 68

Pani puri 69
- Składniki 69
- Do nadzienia: 69
- Na panettone: 69
- metoda 70

jajko faszerowane szpinakiem 71

Składniki 71
metoda 72
sada dosa 73
Składniki 73
metoda 73
samosy ziemniaczane 75
Składniki 75
metoda 76
hot dog 77
Składniki 77
metoda 77
Khandvi 79
Składniki 79
metoda 80
Plac Mekai 81
Składniki 81
metoda 82
Dhal Pakwan 83
Składniki 83
W skrócie: 83
metoda 84
pikantny sew 85
Składniki 85
metoda 85
Półksiężyce z faszerowanymi warzywami 87
Składniki 87
Do nadzienia: 87

metoda 88

Usal Kachori 89

    Składniki 89

    Do nadzienia: 89

    Na sos: 90

    metoda 90

Dhal Dhokli 92

    Składniki 92

    Dla dhala: 92

    metoda 93

Mszał 94

    Składniki 94

    Na mieszankę przypraw: 95

    metoda 96

Pandora 97

    Składniki 97

    metoda 97

adai warzywne 98

    Składniki 98

    metoda 99

pikantna kolba kukurydzy 100

    Składniki 100

    metoda 100

Kotlety z warzywami mieszanymi 101

    Składniki 101

    metoda 102

Idli Upma 103

- Składniki 103
- metoda 104

Dhal Bhajiya 105
- Składniki 105
- metoda 105

masala papad 106
- Składniki 106
- metoda 106

kanapka z warzywami 107
- Składniki 107
- metoda 107

Kiełkujące Roladki Z Zielonej Fasoli 108
- Składniki 108
- metoda 109

Kanapka z Chutneyem 110
- Składniki 110
- metoda 110

Chatpata Gobhi 111
- Składniki 111
- metoda 111

Sabudana Vada 112
- Składniki 112
- metoda 112

upma chleb 113
- Składniki 113
- metoda 114

pikantna kaja 115

Składniki 115
metoda 116
Chrupiące frytki 117
Składniki 117
metoda 118
Dhal Vada 119
Składniki 119
metoda 120
Zunka 121
Składniki 121
metoda 121
curry z rzepy 123
Składniki 123
metoda 124
Chhaner Dhalna 125
Składniki 125
metoda 126
kukurydza z kokosem 127
Składniki 127
Na pastę kokosową: 127
metoda 128
Zielona papryka z ziemniakami 129
Składniki 129
metoda 130
Pikantny groszek z ziemniakami 131
Składniki 131
metoda 132

Smażone grzyby 133

    Składniki 133

    metoda 133

Pikantne Pieczarki Z Kukurydzą Dla Dzieci 134

    Składniki 134

    metoda 135

Pikantny suchy kalafior 136

    Składniki 136

    metoda 137

curry grzybowe 138

    Składniki 138

    metoda 139

Bharta Baingan 140

    Składniki 140

    metoda 141

hyderabad warzywny 142

    Składniki 142

    Na mieszankę przypraw: 142

    metoda 143

Kaddu Bhaji* 144

    Składniki 144

    metoda 145

Muthia nu Shak 146

    Składniki 146

    metoda 147

Odpady z dyni 148

    Składniki 148

metoda 149

wyścig 150

    Składniki 150

    metoda 151

Doodhi Manpasand 152

    Składniki 152

    metoda 153

Chokha Pomidorowa 154

    Składniki 154

    metoda 154

Baingan Chokha 155

    Składniki 155

    metoda 155

Curry z kalafiora i grochu 157

    Składniki 157

    metoda 157

Aloo Methi ki Sabzi 158

    Składniki 158

    metoda 158

gorzka karela 159

    Składniki 159

    metoda 160

Karela Koshimbir 161

    Składniki 161

    metoda 161

karmelowe curry 162

    Składniki 162

metoda 163

Papryka kalafiorowa 164

    Składniki 164

    metoda 164

orzechowe curry 165

    Składniki 165

    metoda 166

Daikon opuszcza Bhaaji 167

    Składniki 167

    metoda 167

chole aloo 168

    Składniki 168

    metoda 169

curry orzechowe 170

    Składniki 170

    metoda 171

Fasola francuska Upkari 172

    Składniki 172

    metoda 172

Ambadei Karate 173

    Składniki 173

    metoda 174

Kadhai Paneer 175

    Składniki 175

    metoda 175

Kathirikkai Vangi 176

    Składniki 176

- metoda 177
- Pitala 178
  - Składniki 178
  - metoda 179
- masala z kalafiora 180
  - Składniki 180
  - Na sos: 180
  - metoda 181
- Shukna Kaça Pepe 182
  - Składniki 182
  - metoda 183
- suszona okra 184
  - Składniki 184
  - metoda 184
- Kalafior Moghlajski 185
  - Składniki 185
  - metoda 185
- Bhapa Shorshe Baingana 186
  - Składniki 186
  - metoda 187
- Pieczone warzywa w pikantnym sosie 188
  - Składniki 188
  - metoda 189
- Pyszne tofu 190
  - Składniki 190
  - metoda 190
- aloo baingan 191

Składniki 191

metoda 192

Curry z groszku cukrowego 193

Składniki 193

metoda 193

Curry z ziemniaków i dyni 195

Składniki 195

metoda 196

Jajo Thorana 197

Składniki 197

metoda 198

Baingan Lajawab 199

Składniki 199

metoda 200

wegetarianin Bahar 201

Składniki 201

metoda 202

faszerowane warzywa 203

Składniki 203

Do nadzienia: 203

metoda 204

singh aloo 205

Składniki 205

metoda 205

Sindhi Curry 206

Składniki 206

metoda 207

Gulnar Kofta 208
    Składniki 208
    Na mieszankę przypraw: 208
    metoda 209
Paneer Korma 210
    Składniki 210
    metoda 211
Chutney Ziemniaczany 212
    Składniki 212
    metoda 213
LOBBY 214
    Składniki 214
    metoda 215
Warzywo Khatta Meetha 216
    Składniki 216
    metoda 217
dahiwale chole 218
    Składniki 218
    metoda 219
Teekha Papad Bhaji* 220
    Składniki 220
    metoda 220

Raita czosnkowa

Podaje 4 porcje

Składniki

2 zielone papryki

5 ząbków czosnku

450g/1lb ubitego jogurtu

sól dla smaku

metoda

- Wysuszyć paprykę, aż będzie jasnobrązowa. Zmiażdż je czosnkiem.
- Wymieszać z pozostałymi składnikami. Podać schłodzone.

mieszana raita warzywna

Podaje 4 porcje

Składniki

1 duży ziemniak, pokrojony w kostkę i ugotowany

25 g/1 uncja fasoli szparagowej, drobno posiekanej i ugotowanej

25 g/minus 1 uncja marchwi, pokrojonej w drobną kostkę i ugotowanej

50 g ugotowanego groszku

450 g jogurtu

½ łyżeczki mielonego czarnego pieprzu

1 łyżka liści kolendry, drobno posiekanych

sól dla smaku

metoda

- Wszystkie składniki dobrze wymieszać w misce. Podać schłodzone.

boondi raita

Podaje 4 porcje

Składniki

115g/4oz solonego boondi*

450 g jogurtu

½ łyżeczki cukru

½ łyżeczki chaat masali*

metoda

- Wszystkie składniki dobrze wymieszać w misce. Podać schłodzone.

Raita z kalafiora

Podaje 4 porcje

Składniki

250 g kalafiora, pokrojonego na małe różyczki lub rozdrobnionego

sól dla smaku

½ łyżeczki mielonego czarnego pieprzu

½ łyżeczki chili w proszku

½ łyżeczki mielonej musztardy

450 g jogurtu

1 łyżka ghee

½ łyżeczki nasion gorczycy

Masala Chaat*testować

metoda

- Wrzuć kalafior z mieszanką soli i pary.
- Wymieszaj pieprz, chili w proszku, musztardę, sól i jogurt w misce.
- Dodaj mieszankę kalafiora do mieszanki jogurtowej i odłóż na bok.
- Podgrzej ghee na małej patelni. Kiedy zacznie dymić, dodaj ziarna gorczycy. Pozwól im kopać przez 15 sekund.
- Dodaj to razem z chaat masala do mieszanki jogurtowej. Podać schłodzone.

Kapusta Raita

Podaje 4 porcje

Składniki

100 g kapusty, poszatkowanej

sól dla smaku

1 łyżka liści kolendry, drobno posiekanych

2 łyżki wiórków kokosowych

450 g jogurtu

1 łyżka oleju

½ łyżeczki nasion gorczycy

3-4 liście curry

metoda

- Kapustę ugotować z solą. Zostaw do schlodzenia.
- Dodaj liście kolendry, kokos i jogurt. Dobrze wymieszaj. Odłóż to na bok.
- Rozgrzej olej na małej patelni. Dodaj nasiona gorczycy i liście curry. Pozwól im kopać przcz 15 sekund.
- Wlej to do jogurtowej mieszanki. Podać schłodzone.

Raita buraczana

Podaje 4 porcje

Składniki

1 duży burak ugotowany i posiekany

450 g jogurtu

½ łyżeczki cukru

sól dla smaku

1 łyżka ghee

½ łyżeczki nasion kminku

1 zielone chili, pokrojone wzdłuż

1 łyżka liści kolendry, drobno posiekanych

metoda

- W misce wymieszaj buraki, jogurt, cukier i sól.
- Podgrzej ghee na patelni. Dodaj nasiona kminku i zielony pieprz. Pozwól im kopać przez 15 sekund. Dodaj to do mieszanki buraczkowo-jogurtowej.
- Przełożyć na talerz i udekorować listkami kolendry.
- Podać schłodzone.

Raita z kiełkujących roślin strączkowych

Podaje 4 porcje

Składniki

75 g zielonej fasoli

75 g/2 ½ uncji kiełkującej kaala chana*

75 g kiełkującej ciecierzycy

1 drobno pokrojony ogórek

10 g liści kolendry, drobno posiekanych

2 łyżeczki chaat masali*

½ łyżeczki cukru

450 g jogurtu

metoda

- Gotuj kiełki fasoli przez 5 minut. Odłóż to na bok.
- Gotuj kaala chana i ciecierzycę razem z odrobiną wody na średnim ogniu w garnku przez 30 minut. Odłóż to na bok.
- Wymieszaj kiełki fasoli z pozostałymi składnikami. Dobrze wymieszaj. Odcedź i dodaj kaala chana i ciecierzycę.
- Podać schłodzone.

Makaron Z Budyniem Raita

Podaje 4 porcje

Składniki

200 g ugotowanego makaronu

1 duży ogórek, drobno posiekany

450g/1lb ubitego jogurtu

2 łyżki przygotowanej musztardy

50 g drobno posiekanych liści mięty

sól dla smaku

metoda

- Wymieszaj wszystkie składniki razem. Podać schłodzone.

Mente Raita

Podaje 4 porcje

Składniki

50 g liści mięty

25 g/bit 1 uncja liści kolendry

1 zielone chili

2 ząbki czosnku

450 g jogurtu

1 łyżeczka masali*

1 łyżka brązowego cukru

sól dla smaku

metoda

- Zmiel liście mięty, liście kolendry, zielony pieprz i czosnek.
- W misce wymieszać z pozostałymi składnikami.
- Podać schłodzone.

raita z bakłażana

Podaje 4 porcje

Składniki

1 duży bakłażan

450 g jogurtu

1 duża cebula, drobno posiekana

2 zielone chilli, drobno posiekane

10 g liści kolendry, drobno posiekanych

sól dla smaku

metoda

- Bakłażana nakłuwamy w całości widelcem. Piec w piekarniku w temperaturze 180ºC (350ºF, Gas Mark 4), obracając od czasu do czasu, aż skórka się zwęgli.
- Zanurz bakłażana w misce z wodą, aby ostygł. Odcedź wodę i zdejmij skórkę z bakłażana.
- Zmiel bakłażana, aż będzie gładki. Wymieszaj ze wszystkimi pozostałymi składnikami.
- Podać schłodzone.

raita z szafranem

Podaje 4 porcje

Składniki

350 g jogurtu

1 łyżeczka kurkumy namoczonej w 2 łyżkach mleka przez 30 minut

25 g/opakowanie 1 uncja rodzynek namoczonych w wodzie przez 2 godziny

75 g prażonych migdałów i pistacji, drobno posiekanych

1 łyżka brązowego cukru

metoda

- W misce ubij jogurt z szafranem.
- Dodaj wszystkie pozostałe składniki. Dobrze wymieszaj.
- Podać schłodzone.

yam raita

Podaje 4 porcje

Składniki

250 g/9 uncji*

sól dla smaku

¼ łyżeczki chili w proszku

¼ łyżeczki mielonego czarnego pieprzu

350 g jogurtu

1 łyżka ghee

½ łyżeczki nasion kminku

2 zielone papryczki chilli pokrojone wzdłuż

1 łyżka liści kolendry, drobno posiekanych

metoda

- Makaron obrać i posiekać. Dodaj szczyptę soli i gotuj miksturę do miękkości. Odłóż to na bok.
- W misce wymieszać sól, papryczkę chilli i mielony pieprz z jogurtem.
- Dodaj smażone ziemniaki do mieszanki jogurtowej. Odłóż to na bok.
- Podgrzej ghee na małej patelni. Dodaj nasiona kminku i zielone chilli. Pozwól im kopać przez 15 sekund.
- Dodaj to do mieszanki jogurtowej. Delikatnie wymieszaj.
- Udekoruj listkami kolendry. Podać schłodzone.

Okra Raita

Podaje 4 porcje

Składniki

250 g/9 uncji okry, drobno posiekanej

sól dla smaku

½ łyżeczki chili w proszku

½ łyżeczki szafranu

Rafinowany olej roślinny do smażenia

350 g jogurtu

1 łyżeczka masali*

metoda

- Natrzyj kawałki okry solą, chili w proszku i kurkumą.
- Rozgrzej olej na patelni. Smaż okrę na średnim ogniu przez 3-4 minuty. Osączyć na chłonnym papierze. Odłóż to na bok.
- W misce wymieszaj jogurt z chaat masala i solą.
- Dodaj smażoną okrę do mieszanki jogurtowej.
- Podawać schłodzone lub w temperaturze pokojowej.

Chrupiące Ciasto Szpinakowe

12 lat temu

Składniki

1 łyżka rafinowanego oleju roślinnego plus dodatkowo do smażenia

1 duża cebula, drobno posiekana

50 g szpinaku, ugotowanego i posiekanego

1 łyżka pasty czosnkowej

1 łyżeczka pasty imbirowej

sól dla smaku

300 g/10 uncji*, rozbity

2 jajka, ubite

2 łyżki zwykłej białej mąki

pieprz do smaku

sól dla smaku

50 g bułki tartej

metoda

- Rozgrzej olej na patelni. Podsmaż cebulę na średnim ogniu, aż będzie przezroczysta.
- Dodaj szpinak, pastę czosnkową, pastę imbirową i sól. Gotuj przez 2-3 minuty.

- Zdejmij z ognia i dodaj panettone. Dobrze wymieszaj i podziel na kwadratowe placki. Przykryć folią aluminiową i wstawić do lodówki na 30 minut.
- Wymieszaj jajka, mąkę, pieprz i sól, aż powstanie miękkie ciasto.
- Pozostały olej rozgrzej na patelni. Każdy makaron panierować w cieście, obtaczać w bułce tartej i smażyć na złoty kolor.
- Podawać na gorąco z suszonym czosnkiem chutney

rava dosa

(Naleśnik z płatków owsianych)

daje 10-12

Składniki

100 g płatków owsianych

85 g/3 uncje zwykłej białej mąki

Szczypta sody oczyszczonej

250 g jogurtu

240ml/8ml uncji wody

sól dla smaku

Rafinowany olej roślinny do malowania

metoda

- Wszystkie składniki oprócz oleju mieszamy do uzyskania konsystencji naleśnika. Zarezerwuj na 20-30 minut.
- Natłuść i rozgrzej płaską patelnię. Wlej do niego 2 łyżki ciasta. Rozprowadź, podnosząc patelnię i delikatnie nią obracając.
- Skrop trochę oleju wokół krawędzi.
- Gotuj przez 3 minuty. Odwróć i smaż, aż będą chrupiące.
- Powtórz dla pozostałego ciasta.

- Podawać na gorąco z kokosowym chutneyem

Czekaj Doodhi

(Butelkowe Kotleciki Dyniowe)

20 lat temu

Składniki

1 łyżka rafinowanego oleju roślinnego plus dodatkowo do smażenia

1 duża cebula, posiekana

4 zielone papryczki chilli, drobno posiekane

2,5 cm korzenia imbiru, posiekanego

1 duża dynia*, obrane i starte

sól dla smaku

2 jajka, ubite

100 g bułki tartej

Na biały sos:

2 łyżki margaryny/masła

4 łyżki mąki

sól dla smaku

pieprz do smaku

1 łyżka śmietany

metoda

- W przypadku białego sosu podgrzej margarynę/masło na patelni. Dodaj wszystkie pozostałe składniki białego sosu i mieszaj na średnim ogniu, aż będzie gęsty i kremowy. Odłóż to na bok.
- Rozgrzej olej na patelni. Smaż cebulę, zielone chilli i imbir na średnim ogniu przez 2-3 minuty.
- Dodaj dynię i sól. Dobrze wymieszaj. Przykryj pokrywką i gotuj przez 15-20 minut na średnim ogniu.
- Odkryć i dobrze zetrzeć dynię. Dodaj biały sos i połowę ubitych jajek. Odstawić na 20 minut do stężenia i stężenia.
- Pokrój mieszaninę na małe kawałki.
- Rozgrzej olej na patelni. Zanurz każdy kotlet w pozostałym ubitym jajku, obtocz w bułce tartej i smaż na złoty kolor.
- Podawać na gorąco ze słodkim chutneyem pomidorowym

patra

(koło liściowe Colocasia)

20 lat temu

Składniki

10 liści kolokazji*

2 łyżki rafinowanego oleju roślinnego

½ łyżeczki nasion gorczycy

1 łyżeczka nasion sezamu

1 łyżeczka nasion kminku

8 liści curry

2 łyżki liści kolendry, drobno posiekanych

Do pomiaru:

250g/9 uncji fasoli*

4 łyżki brązowego cukru*, Wdzięczny

1 łyżeczka pasty z tamaryndowca

½ łyżeczki pasty imbirowej

½ łyżeczki pasty czosnkowej

1 łyżeczka chili w proszku

½ łyżeczki szafranu

sól dla smaku

metoda

- Wszystkie składniki ciasta mieszamy do uzyskania gęstego ciasta.
- Rozłóż warstwę ciasta na każdym liściu colocasia, aby całkowicie go przykryć.
- Umieść 5 powlekanych arkuszy jeden na drugim.
- Złóż arkusze 1 cal od każdego rogu, aby utworzyć kwadrat. Zroluj ten kwadrat w cylinder.
- Powtórz dla pozostałych 5 arkuszy.
- Bułki gotujemy na parze przez około 20-25 minut. Odstawić do ostygnięcia.
- Każdą roladę pokroić w kształt przypominający wiatraczek. Odłóż to na bok.
- Rozgrzej olej na patelni. Dodaj musztardę, sezam, kminek i liście curry. Pozwól im kopać przez 15 sekund.
- Rzuć to na pasy pogodowe.
- Udekoruj listkami kolendry. Podawać na gorąco.

kebab z kurczaka nargisi

(kebab z kurczakiem i serem)

daje 20-25

Składniki

500g/1lb 2oz kurczaka, rozdrobniony

150 g startego sera cheddar

2 duże cebule, drobno posiekane

1 łyżeczka pasty imbirowej

1 łyżka pasty czosnkowej

1 łyżeczka mielonego kardamonu

2 łyżeczki garam masali

1 łyżeczka mielonej kolendry

½ łyżeczki szafranu

½ łyżeczki chili w proszku

sól dla smaku

15-20 rodzynek

Rafinowany olej roślinny do smażenia

metoda

- Wszystkie składniki oprócz rodzynek i oleju wymieszać z ciastem.
- Zrób małe ciasteczka. Umieść rodzynkę na środku każdej babeczki.
- Rozgrzej olej na patelni. Placki smażymy na średnim ogniu na złoty kolor. Podawać na gorąco z miętowym chutneyem

Sev Puris ze słoną polewą

Podaje 4 porcje

Składniki

24 sekundy czyste*

2 ziemniaki pokroić w kostkę i ugotować

1 duża cebula, drobno posiekana

¼ małego zielonego mango, drobno posiekanego

120 ml ostrego i kwaśnego chutney

4 łyżki miętowego chutney

1 łyżeczka masali*

1 sok z cytryny

sól dla smaku

150 g / 5½ oz sz*

2 łyżki liści kolendry, posiekanych

metoda

- Ułóż puree na talerzu do serwowania.
- Umieść małe kawałki ziemniaków, cebulę i mango w każdym puri.
- Każde puri skropić gorącym i kwaśnym chutneyem oraz miętą.
- Posyp chaat masala, sok z cytryny i sól na wierzchu.
- Udekoruj liśćmi siewu i kolendrą. Natychmiast podawaj.

Specjalna rolka

sprawia, że 4

Składniki

1 łyżka drożdży

szczypta cukru

240ml/8ml oz ciepłej wody

350 g/12 uncji zwykłej białej mąki

½ łyżeczki proszku do pieczenia

2 łyżki masła

1 duża cebula, drobno posiekana

2 pomidory, drobno posiekane

30 g drobno posiekanych liści mięty

200 g gotowanego szpinaku

300 g/10 uncji*, w kostkach

sól dla smaku

Zmielony czarny pieprz do smaku

125g przecieru pomidorowego

1 ubite jajko

metoda

- Drożdże i cukier rozpuszczamy w wodzie.
- Mąkę i proszek do pieczenia przesiej razem. Wymieszać z drożdżami i wyrobić ciasto.
- Za pomocą wałka do ciasta rozłóż ciasto na 2 klipsy. Odłóż to na bok.
- Połowę masła rozgrzać na patelni. Dodaj cebulę, pomidory, liście mięty, szpinak, paneer, sól i czarny pieprz. Smażyć na średnim ogniu przez 3 minuty.
- Rozłóż na 1 chapatti. Wlej przecier pomidorowy na wierzch i przykryj drugim chapatti. Uszczelnij końce.
- Chapattis posmarować pozostałym jajkiem i masłem.
- Piec w temperaturze 150ºC (300ºF, Gas Mark 2) przez 10 minut. Podawać na gorąco.

smażona kolokazja

Podaje 4 porcje

Składniki

500g/1lb 2 uncje kiełbasy*

2 łyżki mielonej kolendry

1 łyżka mielonego kminku

1 łyżka anchois*

2 łyżeczki fasoli*

sól dla smaku

Rafinowany olej roślinny do smażenia

Masala Chaat*, próbować

1 łyżka liści kolendry, posiekanych

½ łyżeczki soku z cytryny

metoda

- Gotuj kolokazję na patelni przez 15 minut na małym ogniu. Ostudzić, obrać, przekroić wzdłuż i spłaszczyć. Odłóż to na bok.
- Dodaj mieloną kolendrę, mielony kminek, amchur, besan i sól. W tej mieszance obtoczyć kawałki kolokazji. Odłóż to na bok.
- Rozgrzej olej na patelni. Smaż kolokazję, aż będzie chrupiąca, a następnie odcedź.
- Posypać pozostałymi składnikami. Podawać na gorąco.

Mieszana Dhal Dosa

(Naleśnik zmieszany z soczewicą)

daje 8-10

Składniki

250 g ryżu namoczonego przez 5-6 godzin

100 g/3½ uncji mung dhal*, moczone przez 5-6 godzin

100 g/3½ uncji chana dhal*, moczone przez 5-6 godzin

100 g/3½ uncji urad dhal*, moczone przez 5-6 godzin

2 łyżki jogurtu

½ łyżeczki sody oczyszczonej

2 łyżki rafinowanego oleju roślinnego plus dodatkowo do smażenia

sól dla smaku

metoda

- Ryż i dhal mielimy osobno. Wymieszaj to. Dodaj jogurt, sodę, olej i sól. Ubijaj, aż będzie puszyste i lekkie. Zarezerwuj na 3-4 godziny.
- Natłuść i rozgrzej płaską patelnię. Wlej 2 łyżki ciasta i rozsmaruj jak naleśnik. Skrop trochę oleju wokół krawędzi. Gotuj przez 2 minuty. Podawać na gorąco.

Słodycze Mekai

(ciasto kukurydziane)

robi 12-15

Składniki

4 świeże kłosy

2 łyżki masła

750 ml/1¼ litra mleka

½ łyżeczki chili w proszku

sól dla smaku

Zmielony czarny pieprz do smaku

25 g/bit 1 uncja liści kolendry, posiekanych

50 g bułki tartej

metoda

- Usuń ziarna z kolb kukurydzy i zetrzyj je na grubej tarce.
- Rozgrzej masło na patelni i smaż zmieloną kukurydzę przez 2-3 minuty na średnim ogniu. Dodaj mleko i gotuj, aż zgęstnieje.
- Dodaj chili w proszku, sól, czarny pieprz i liście kolendry.
- Dodaj bułkę tartą i dobrze wymieszaj. Podziel mieszaninę na małe placki.
- Rozgrzej masło na patelni. Kotlety smażymy w głębokim tłuszczu na złoty kolor. Podawać gorące z ketchupem.

Hara Bhara Kebab

(Kebap Z Zielonymi Warzywami)

Podaje 4 porcje

Składniki

300 g/10 uncji chana dhal*, nasiąka przez noc

2 zielone strąki kardamonu

2,5 cm / 1 cal. cynamon

sól dla smaku

60 ml/2 ml uncji wody

200 g szpinaku, ugotowanego na parze i posiekanego

½ łyżeczki garam masali

¼ łyżeczki jabłka, startego

Rafinowany olej roślinny do smażenia

metoda

- Dhal odsączyć. Dodaj kardamon, goździki, cynamon, sól i wodę. Smażymy na patelni na średnim ogniu do miękkości. Zmiel go na pastę.
- Dodaj wszystkie pozostałe składniki oprócz oleju. Dobrze wymieszaj. Podzielić mieszaninę na kulki wielkości cytryny i spłaszczyć każdą na małe placki.

- Rozgrzej olej na patelni. Smaż burgery na średnim ogniu na złoty kolor. Podawać na gorąco z miętowym chutneyem

ryba pakoda

(smażona ryba z chlebem)

12 lat temu

Składniki

300 g/10 uncji ryby bez kości, pokrojonej na 2,5 cm kawałki

sól dla smaku

2 łyżki soku z cytryny

3 łyżki wody

250g/9 uncji fasoli*

1 łyżka pasty czosnkowej

2 zielone chilli, drobno posiekane

1 łyżeczka garam masali

½ łyżeczki szafranu

Rafinowany olej roślinny do smażenia

metoda

- Marynuj rybę solą i sokiem z cytryny przez 20 minut.
- Z pozostałych składników oprócz oleju zagnieść gęste ciasto.
- Rozgrzej olej na patelni. Zanurz każdy kawałek ryby w cieście i smaż na złoty kolor. Osączyć na chłonnym papierze. Podawać na gorąco.

szaszłyk

(Myszy i bengalski kebab)

35 lat temu

Składniki

750g/1lb 10 uncji kurczaka, mielonego

600 g/1 funt 5 uncji chana dhal*

3 duże cebule, posiekane

1 łyżeczka pasty imbirowej

1 łyżka pasty czosnkowej

2,5 cm / 1 cal. cynamon

4 goździki

2 strąki czarnego kardamonu

7 ziaren pieprzu

1 łyżeczka mielonego kminku

sól dla smaku

450ml/15ml uncji wody

2 jajka, ubite

Rafinowany olej roślinny do smażenia

metoda

- Wymieszaj wszystkie składniki oprócz jajek i oleju. Gotować na patelni, aż cała woda odparuje. Zmiel go na gęstą pastę.
- Dodaj jajka do pasty. Dobrze wymieszaj. Podzielić mieszaninę na 35 kotletów.
- Rozgrzej olej na patelni. Knedle smażymy na małym ogniu na złoty kolor.
- Podawać na gorąco z miętowym chutneyem

podstawowa dhokla

(Podstawowe ciasto parzone)

robi 18-20

Składniki

250 g ryżu

450g/1lb Chana Dhal*

60 g jogurtu

¼ łyżeczki wodorowęglanu sodu

6 zielonych papryczek chilli, posiekanych

1 cm startego korzenia imbiru

¼ łyżeczki mielonej kolendry

¼ łyżeczki mielonego kminku

½ łyżeczki szafranu

sól dla smaku

½ startego kokosa

150 g drobno posiekanych liści kolendry

1 łyżka rafinowanego oleju roślinnego

½ łyżeczki nasion gorczycy

metoda

- Namocz ryż i dhal razem przez 6 godzin. Zmiel grubo.
- Dodaj jogurt i sodę oczyszczoną. Dobrze wymieszaj. Niech pasta piecze się przez 6-8 godzin.
- Do ciasta dodać zielone chilli, imbir, mieloną kolendrę, mielony kminek, kurkumę i sól. Homogenizować.
- Wlać do okrągłej formy o średnicy 20 cm. Makaron gotujemy na parze przez 10 minut.
- Pozostaw do ostygnięcia i pokrój na kwadratowe kawałki. Posyp je wiórkami kokosowymi i liśćmi kolendry. Odłóż to na bok.
- Rozgrzej olej na patelni. Dodać ziarna gorczycy. Pozwól im kopać przez 15 sekund.
- Wlej to na dhoklas. Podawać na gorąco.

ada

(Naleśnik z ryżem i soczewicą)

12 lat temu

Składniki

125 g ryżu

75 g/2½ uncji urad dhal*

75 g/2½ uncji chana dhal*

75 g/2½ uncji Masoor Dhal*

75 g/2½ uncji mung dhal*

6 czerwonych papryk

sól dla smaku

240ml/8ml uncji wody

Rafinowany olej roślinny do malowania

metoda

- Namoczyć ryż z całą maślanką przez noc.
- Odcedź miksturę i dodaj czerwoną paprykę, sól i wodę. Zmiel do uzyskania gładkości.
- Natłuść i rozgrzej płaską patelnię. Rozsmarować na nim 3 łyżki ciasta. Przykryć i gotować na średnim ogniu przez 2-3 minuty. Odwrócić i smażyć z drugiej strony.
- Usuń ostrożnie szpatułką. Czynność powtórzyć dla reszty ciasta. Podawać na gorąco.

dwupiętrowa dhokla

(Dwuwarstwowe ciasto na parze)

20 lat temu

Składniki

500 g/1 funt 2 uncje ryżu

300 g/10 uncji fasoli*

75 g/2½ uncji urad dhal*

75 g/2½ uncji chana dhal*

75 g/2½ uncji Masoor Dhal*

2 zielone papryki

500 g/1 funt 2 uncje jogurtu

1 łyżeczka chili w proszku

½ łyżeczki szafranu

sól dla smaku

115g miętowego chutneya

metoda

- Wmieszaj ryż i fasolę urad. Moczyć w nocy.
- Wymieszaj całą maślankę. Moczyć w nocy.
- Odcedź i zetrzyj oddzielnie mieszankę ryżową i dhal. Odłóż to na bok.
- Wymieszaj zielone chili, jogurt, chili w proszku, kurkumę i sól. Dodaj połowę tej mieszanki do mieszanki ryżowej i dodaj resztę do mieszanki dhal. Niech gotuje się przez 6 godzin.
- Dołącz okrągły kształt 20 cm. Wlej do niego mieszankę ryżową. Skrop miętowym chutneyem mieszankę ryżową. Wlać mieszankę dhal na wierzch.
- Gotuj na parze przez 7-8 minut. Kroić i podawać na gorąco.

Siadaj Vada

(Przekąska w postaci smażonego pączka)

12 lat temu

Składniki

600 g/1 funt 5 uncji urad dhal*, moczyć przez noc i odcedzić

4 zielone papryczki chilli, drobno posiekane

sól dla smaku

3 łyżki wody

Rafinowany olej roślinny do smażenia

metoda

- Zmiel dhal z zielonymi papryczkami chilli, solą i wodą.
- Z masy uformować pączki.
- Rozgrzej olej na patelni. Dodać vadas i smażyć na średnim ogniu na złoty kolor.
- Osączyć na chłonnym papierze. Podawać na gorąco z kokosowym chutneyem

Bhakar Wadi

(Penwheel Pikantna Mąka Gram)

Podaje 4 porcje

Składniki

500g/1lb 2oz besan*

175 g/6 uncji mąki pełnoziarnistej

sól dla smaku

wskazówka asafetydy

120 ml rafinowanego na gorąco oleju roślinnego plus dodatkowo do smażenia

100 g/3½ uncji wiórków kokosowych

1 łyżeczka nasion sezamu

1 łyżeczka maku

szczypta cukru

1 łyżeczka chili w proszku

25 g liści kolendry, drobno posiekanych

1 łyżka pasty z tamaryndowca

metoda

- Wymieszaj besan, mąkę, sól, asafetydę, letni olej i wodę, aż powstanie sztywne ciasto. Odłóż to na bok.

- Kokos, sezam i mak prażymy przez 3-5 minut. Zmiel go na proszek.
- Dodaj cukier, sól, chili w proszku, liście kolendry i pastę z tamaryndowca do proszku i dobrze wymieszaj, aby przygotować nadzienie. Odłóż to na bok.
- Ciasto podzielić na małe kulki wielkości cytryny. Każdą rozwałkuj na cienki placek.
- Na każdym krążku rozsmarować nadzienie tak, aby nadzienie pokryło cały krążek. Każdą zwinąć w ciasny rulonik. Uszczelnij końce niewielką ilością wody.
- Pokrój cylindry w kształty przypominające koła.
- Rozgrzej olej na patelni. Dodaj roladki i smaż na średnim ogniu, aż będą chrupiące.
- Osączyć na chłonnym papierze. Po schłodzeniu przechowywać w hermetycznym pojemniku.

UWAGA: Można je przechowywać przez piętnaście dni.

Mangaloreański Chaat

Podaje 4 porcje

Składniki

75 g/2½ uncji chana dhal*

240ml/8ml uncji wody

sól dla smaku

Duża szczypta sody oczyszczonej

2 duże ziemniaki pokrojone i ugotowane

350 g/12 uncji świeżego jogurtu

2 łyżki brązowego cukru

4 łyżki rafinowanego oleju roślinnego

1 łyżka suszonych liści kozieradki

1 łyżeczka pasty imbirowej

1 łyżka pasty czosnkowej

2 zielone papryki

1 łyżeczka mielonego kminku, uprażonego

1 łyżeczka garam masali

1 łyżka anchois*

1 łyżka kurkumy

½ łyżeczki chili w proszku

150 g ciecierzycy z puszki

1 duża cebula, drobno posiekana

2 łyżki liści kolendry, drobno posiekanych

metoda

- Gotuj dhal z wodą, solą i sodą oczyszczoną na patelni na średnim ogniu przez 30 minut. Dodaj więcej wody, jeśli maślanka jest zbyt sucha. Wymieszaj ziemniaki z mieszanką dhal i odłóż na bok.
- Jogurt utrzeć z cukrem. Włóż do zamrażarki, aby się zamroziła.
- Rozgrzej olej na patelni. Dodaj liście kozieradki i smaż na średnim ogniu przez 3-4 minuty.
- Dodaj pastę imbirową, pastę czosnkową, zielone chilli, mielony kminek, garam masala, amchoorin, kurkumę i chili w proszku. Smażyć przez 2-3 minuty, ciągle mieszając.
- Dodaj ciecierzycę. Smażyć przez 5 minut, ciągle mieszając. Dodaj mieszankę dhal i dobrze wymieszaj.
- Zdejmij z ognia i rozłóż mieszaninę na talerzu.
- Całość polać słodkim jogurtem.
- Posyp je cebulą i liśćmi kolendry. Natychmiast podawaj.

Pani puri

30 lat temu

Składniki
Na puree:

175 g/6 uncji zwykłej białej mąki

100 g płatków owsianych

sól dla smaku

Rafinowany olej roślinny do smażenia

Do nadzienia:
50 g kiełkującej fasoli mung

150 g kiełkującej ciecierzycy

sól dla smaku

2 duże ugotowane i starte ziemniaki

Na panettone:
2 łyżki pasty z tamaryndowca

100 g liści kolendry, drobno posiekanych

1 ½ łyżeczki mielonego kminku, uprażonego na sucho

2-4 zielone papryczki chilli, drobno posiekane

Korzeń imbiru 2,5 cm/1 cal

Gruba sól do smaku

240ml/8ml uncji wody

metoda

- Wymieszaj wszystkie składniki puri oprócz oleju z taką ilością wody, aby powstało sztywne ciasto.
- Rozwałkuj małe purity o średnicy 5 cm/2.
- Rozgrzej olej na patelni. Puris smażymy na złoty kolor. Odłóż to na bok.
- Na nadzienie ugotuj kiełki fasoli mung i ciecierzycę z solą. Mieszamy z ziemniakami. Odłóż to na bok.
- Na chleb zmiel wszystkie składniki oprócz wody.
- Dodaj tę mieszaninę do wody. Dobrze wymieszaj i zarezerwuj.
- Aby podać, zrób dziurę w każdym puri i wypełnij nadzieniem. Nałóż po 3 łyżki ciasta na każdą patelnię i podawaj od razu.

jajko faszerowane szpinakiem

Podaje 4 porcje

Składniki

200 g szpinaku

Szczypta sody oczyszczonej

1 łyżka rafinowanego oleju roślinnego

1 łyżeczka nasion kminku

6 ząbków czosnku, rozgniecionych

2 mielone zielone chilli

sól dla smaku

8 jajek ugotowanych na twardo, przekrojonych wzdłuż na pół

1 łyżka ghee

1 drobno posiekana cebula

2,5 cm korzenia imbiru, pokrojonego w plasterki

metoda

- Szpinak wymieszać z sodą oczyszczoną. Gotuj je, aż zmiękną. Tritura i książka.
- Rozgrzej olej na patelni. Kiedy zacznie dymić, dodaj kminek, czosnek i zieloną paprykę. Smaż przez kilka sekund. Dodaj ugotowany na parze szpinak i sól.
- Przykryć pokrywką i gotować do wyschnięcia. Odłóż to na bok.
- Usuń żółtka z jajek. Dodaj żółtka do mieszanki ze szpinakiem. Dobrze wymieszaj.
- Wlej mieszankę szpinakowo-jajeczną do białek. Odłóż to na bok.
- Podgrzej ghee na małej patelni. Podsmaż cebulę i imbir na złoty kolor.
- Posypać tym jajka. Podawać na gorąco.

sada dosa

(słony naleśnik ryżowy)

15 lat temu

Składniki

100 g gotowanego ryżu

75 g/2½ uncji urad dhal*

½ łyżeczki nasion kozieradki

½ łyżeczki sody oczyszczonej

sól dla smaku

125 g/4 ½ uncji ubitego jogurtu

60 ml/2 ml rafinowanego oleju roślinnego

metoda

- Namocz ryż i dhal wraz z nasionami kozieradki przez 7-8 godzin.
- Odcedź i zmiel mieszaninę, aż uzyskasz ziarnistą pastę.
- Dodaj sodę oczyszczoną i sól. Dobrze wymieszaj.
- Pozwól mu fermentować przez 8-10 godzin.
- Dodać jogurt, zagnieść ciasto. To ciasto powinno być na tyle gęste, aby zakryło łyżkę. W razie potrzeby dodaj trochę wody. Odłóż to na bok.

- Natłuść i rozgrzej płaską patelnię. Rozsmaruj na nim łyżkę ciasta, aby powstał cienki naleśnik. Na wierzch wlać 1 łyżeczkę oleju. Gotuj, aż będą chrupiące. Czynność powtórzyć z resztą ciasta i podawać gorące.

samosy ziemniaczane

(solone ziemniaki)

20 lat temu

Składniki

175 g/6 uncji zwykłej białej mąki

szczypta soli

5 łyżek rafinowanego oleju roślinnego plus dodatkowo do smażenia

100 ml/3½ ml wody

1 cm startego korzenia imbiru

2 zielone chilli, drobno posiekane

2 ząbki czosnku, drobno posiekane

½ łyżeczki mielonej kolendry

1 duża cebula, drobno posiekana

2 duże ugotowane i starte ziemniaki

1 łyżka liści kolendry, drobno posiekanych

1 łyżka soku z cytryny

½ łyżeczki szafranu

1 łyżeczka chili w proszku

½ łyżeczki garam masali

sól dla smaku

metoda

- Mąkę wymieszać z solą, 2 łyżkami oleju i wodą. Zagnieść na elastyczne ciasto. Przykryć wilgotną ściereczką i odstawić na 15-20 minut.
- Ciasto ponownie zagnieść. Przykryć wilgotną ściereczką i odstawić.
- W przypadku nadzienia rozgrzej 3 łyżki oleju na patelni. Dodać imbir, zieloną paprykę, czosnek i mieloną kolendrę. Smaż przez minutę na średnim ogniu, ciągle mieszając.
- Dodać cebulę i smażyć na złoty kolor.
- Dodaj ziemniaki, liście kolendry, sok z cytryny, kurkumę, chili w proszku, garam masala i sól. Homogenizować.
- Gotuj na małym ogniu przez 4 minuty, od czasu do czasu mieszając. Odłóż to na bok.
- Aby zrobić samosy, podziel ciasto na 10 kulek. Rozwałkuj na dyski o średnicy 12 cm/5 cali. Każdy krążek pokroić na 2 półksiężyce.
- Przeciągnij mokrym palcem wzdłuż średnicy półksiężyca. Połącz końce, aby powstał stożek.
- Umieść łyżkę nadzienia w rożku i zamknij, dociskając brzegi. Powtórz dla wszystkich półksiężyców.
- Rozgrzej olej na patelni. Smażyć samosy, po pięć na raz, na małym ogniu, aż uzyskają złoty kolor. Osączyć na chłonnym papierze.
- Podawać na gorąco z miętowym chutneyem

hot dog

(Smażony kurczak z nadzieniem z soczewicy)

15 lat temu

Składniki

250g białej mąki plus 1 łyżka na miękisz

5 łyżek rafinowanego oleju roślinnego plus dodatkowo do smażenia

sól dla smaku

1,4 litra / 2½ litra wody plus 1 łyżka stołowa na oczko

300 g/10 uncji mung dhal*, moczyć przez 30 minut

½ łyżeczki mielonej kolendry

½ łyżeczki mielonego kopru włoskiego

½ łyżeczki nasion kminku

½ łyżeczki nasion gorczycy

2-3 szczypty asafetydy

1 łyżeczka garam masali

1 łyżeczka chili w proszku

metoda

- Wymieszaj 250 g mąki z 3 łyżkami oleju, solą i 100 ml/3½ ml wody. Zagnieść na miękkie, elastyczne ciasto. Zarezerwuj na 30 minut.
- Aby przygotować nadzienie, gotuj dhal z pozostałą wodą na patelni na średnim ogniu przez 45 minut. Biegaj i rezerwuj.
- Na patelni rozgrzej 2 łyżki oleju. Kiedy zacznie dymić, dodaj mieloną kolendrę, koper włoski, kminek, gorczycę, asafetydę, garam masala, chilli i sól. Niech krzyczą przez 30 sekund.
- Dodać ugotowany dhal. Dobrze wymieszaj i smaż przez 2-3 minuty, ciągle mieszając.
- Schłodzić mieszaninę dhalu i podzielić na 15 kulek wielkości cytryny. Odłóż to na bok.
- Wymieszaj 1 łyżkę mąki z 1 łyżką wody, aby uzyskać pastę do łatania. Odłóż to na bok.
- Ciasto podzielić na 15 kulek. Rozwałkuj na dyski o średnicy 12 cm/5 cali.
- Umieść 1 kulkę nadzienia na środku krążka. Zamknij jak worek.
- Spłaszcz go lekko, naciskając między dłońmi. Powtórz te czynności dla pozostałych dysków.
- Rozgrzej olej na patelni, aż zacznie dymić. Smaż krążki, aż nabiorą złotego koloru od spodu. Obróć i powtórz.
- Jeśli kachori pęknie podczas smażenia, pokryj je plastrami.
- Osączyć na chłonnym papierze. Podawać na gorąco z miętowym chutneyem

Khandvi

(Zaplątani z Besan)

daje 10-15

Składniki

60g/2 uncje fasoli*

60 g jogurtu

120 ml/4 ml wody

1 łyżka kurkumy

sól dla smaku

5 łyżek rafinowanego oleju roślinnego

1 łyżka świeżo startego kokosa

1 łyżka liści kolendry, drobno posiekanych

½ łyżeczki nasion gorczycy

2 szczypty asafetydy

8 liści curry

2 zielone chilli, drobno posiekane

1 łyżeczka nasion sezamu

metoda

- Wymieszaj fasolę, jogurt, wodę, kurkumę i sól.
- Na patelni rozgrzej 4 łyżki oleju. Dodaj mieszankę besan i gotuj, ciągle mieszając, aby uniknąć grudek.
- Gotuj, aż masa zacznie odchodzić od ścianek garnka. Odłóż to na bok.
- Natłuścić dwie nieprzywierające blachy do pieczenia o wymiarach 15 x 35 cm. Wlać mieszankę besan i pozostawić szpatułką. Niech twardnieje przez 10 minut.
- Podzielić masę na paski o szerokości 5 cm. Ostrożnie zroluj każdy pasek.
- Roladki ułożyć na talerzu. Po wierzchu posyp posiekane liście kokosa i kolendry. Odłóż to na bok.
- Na małej patelni rozgrzej 1 łyżkę oleju. Dodać gorczycę, asafetydę, liście curry, zielony pieprz i sezam. Pozwól im kopać przez 15 sekund.
- Natychmiast wskocz na role wiary. Podawać na gorąco lub w temperaturze pokojowej.

Plac Mekai

(kwadrat kukurydziany)

12 lat temu

Składniki

2 łyżki ghee

100g/3½ uncji ziaren kukurydzy, zmielonych

sól dla smaku

125 g ugotowanego groszku

3 łyżki rafinowanego oleju roślinnego

8 zielonych papryczek chilli, drobno posiekanych

½ łyżeczki nasion kminku

½ łyżeczki nasion gorczycy

½ łyżeczki pasty czosnkowej

½ łyżki mielonej kolendry

½ łyżeczki mielonego kminku

175 g/6 uncji mąki kukurydzianej

175 g/6 uncji mąki pełnoziarnistej

150 ml/5 ml uncji wody

metoda

- Podgrzej ghee na patelni. Gdy zacznie dymić, smaż kukurydzę przez 3 minuty. Odłóż to na bok.
- Dodaj sól do ugotowanego groszku. Drobno posiekaj groszek. Odłóż to na bok.
- Na patelni rozgrzej 2 łyżki oleju. Dodaj zielone chilli, kminek i gorczycę. Pozwól im kopać przez 15 sekund.
- Dodaj smażoną kukurydzę, puree z groszku, pastę czosnkową, mieloną kolendrę i mielony kminek. Dobrze wymieszaj. Zdjąć z ognia i odstawić.
- Wymieszaj obie mąki. Dodaj sól i 1 łyżkę oleju. Dodać wodę i zagnieść miękkie ciasto.
- Rozwałkuj 24 kwadratowe kształty, każdy o wymiarach 10x10cm/4x4in.
- Umieść mieszankę kukurydzy i grochu na środku jednego kwadratu i przykryj drugim kwadratem. Delikatnie naciśnij krawędzie kwadratu, aby zamknąć.
- Powtórz dla pozostałych kwadratów.
- Nasmaruj i rozgrzej patelnię. Piecz kwadraty na patelni na złoty kolor.
- Podawać gorące z ketchupem.

Dhal Pakwan

(Chrupiący Chleb Z Soczewicy)

Podaje 4 porcje

Składniki

600 g/1 funt 5 uncji chana dhal*

3 łyżki rafinowanego oleju roślinnego

1 łyżeczka nasion kminku

750 ml/1¼ litra wody

sól dla smaku

½ łyżeczki szafranu

½ łyżeczki amkoru*

10 g liści kolendry, drobno posiekanych

W skrócie:

250 g/9 uncji zwykłej białej mąki

½ łyżeczki nasion kminku

sól dla smaku

Rafinowany olej roślinny do smażenia

metoda

- Moczyć chana dhal przez 4 godziny. Biegaj i rezerwuj.
- Rozgrzej olej na patelni. Dodaj nasiona kminku. Pozwól im kopać przez 15 sekund.
- Dodaj mokry dhal, wodę, sól i kurkumę. Gotować przez 30 minut.
- Przełożyć na talerz do serwowania. Posypujemy je listkami amchur i kolendry. Odłóż to na bok.
- Zagotuj wszystkie składniki pakvanu, z wyjątkiem oleju, z taką ilością wody, aby uzyskać sztywne ciasto.
- Podzielić na kulki wielkości orzecha włoskiego. Rozwałkować na grube krążki o średnicy 10 cm. Wszystko nakłuć widelcem.
- Rozgrzej olej na patelni. Smażymy krążki na złoty kolor. Osączyć na chłonnym papierze.
- Podawaj pakvany z gorącym dhalem.

pikantny sew

(Płatki z pikantną gramową mąką)

Podaje 4 porcje

Składniki

500g/1lb 2oz besan*

1 łyżeczka nasion Iowani

1 łyżka rafinowanego oleju roślinnego plus dodatkowo do smażenia

¼ łyżeczki asafetydy

sól dla smaku

200 ml/7 ml uncji wody

metoda

- Besan z nasionami ajovanu, olejem, asafetydą, solą i wodą ugotować na lepkie ciasto.
- Włóż ciasto do rękawa cukierniczego.
- Rozgrzej olej na patelni. Wciśnij ciasto przez dyszę w kształcie makaronu na patelnię i lekko smaż z obu stron.
- Dobrze odcedź i pozostaw do ostygnięcia przed przechowywaniem.

NOTATKA:*Można to przechowywać przez piętnaście dni.*

Półksiężyce z faszerowanymi warzywami

sprawia, że 6

Składniki

350 g/12 uncji zwykłej białej mąki

6 łyżek gorącego rafinowanego oleju roślinnego plus dodatkowo do smażenia

sól dla smaku

1 pomidor pokrojony w plasterki

Do nadzienia:

3 łyżki rafinowanego oleju roślinnego

200g groszku

1 marchewka, starta

100 g/3½ uncji fasoli francuskiej, cienko pokrojonej

4 łyżki świeżo startego kokosa

3 zielone papryki

2,5 cm korzenia imbiru, rozgniecionego

4 łyżeczki liści kolendry, drobno posiekanych

2 łyżki cukru

2 łyżki soku z cytryny

sól dla smaku

metoda

- Najpierw zrób nadzienie. Rozgrzej olej na patelni. Dodać groszek, marchewkę i fasolkę szparagową i smażyć, ciągle mieszając, do miękkości.
- Dodaj wszystkie pozostałe składniki nadzienia i dobrze wymieszaj. Odłóż to na bok.
- Mąkę wymieszać z olejem i solą. Zagnieść na sztywne ciasto.
- Podziel ciasto na 6 kulek wielkości cytryny.
- Rozwałkuj każdą kulkę na krążek o średnicy 10 cm.
- Umieść nadzienie warzywne na jednej połowie krążka. Złóż drugą połowę, aby przykryła nadzienie i dociśnij krawędzie, aby się zakleiły.
- Powtórz dla wszystkich dysków.
- Rozgrzej olej na patelni. Dodać półksiężyce i smażyć na złoty kolor.
- Ułóż je na okrągłym talerzu i udekoruj plasterkami pomidora. Natychmiast podawaj.

Usal Kachori

(Chleb Smażony Z Ciecierzycą)

Podaje 4 porcje

Składniki
Do ciast:

50 g drobno posiekanych liści kozieradki

175 g/6 uncji mąki pełnoziarnistej

2 zielone chilli, drobno posiekane

1 łyżeczka pasty imbirowej

¼ łyżeczki kurkumy

100 ml/3½ ml wody

sól dla smaku

Do nadzienia:

1 łyżeczka rafinowanego oleju roślinnego

250 g ugotowanej fasoli mung

250g zielonej ciecierzycy, ugotowanej

¼ łyżeczki kurkumy

½ łyżeczki chili w proszku

1 łyżeczka mielonej kolendry

1 łyżeczka mielonego kminku

sól dla smaku

Na sos:

2 łyżeczki rafinowanego oleju roślinnego

2 duże cebule, drobno posiekane

2 pomidory, posiekane

1 łyżka pasty czosnkowej

½ łyżeczki garam masali

¼ łyżeczki chili w proszku

sól dla smaku

metoda

- Wszystkie składniki ciasta wymieszać. Zagnieść na sztywne ciasto. Odłóż to na bok.
- W przypadku nadzienia rozgrzej oliwę z oliwek na patelni i smaż wszystkie składniki nadzienia na średnim ogniu przez 5 minut. Odłóż to na bok.
- W przypadku sosu rozgrzej olej na patelni. Dodać wszystkie składniki sosu. Smażyć przez 5 minut, od czasu do czasu mieszając. Odłóż to na bok.
- Ciasto podzielić na 8 części. Każdy kawałek rozwałkować na krążek o średnicy 10 cm.
- Umieść trochę nadzienia na środku krążka. Zamknąć jak worek i spłaszczyć, aby uformować wypchaną kulkę. Powtórz dla wszystkich dysków.

- Gotuj kulki na parze przez 15 minut.
- Dodaj kulki do sosu i wymieszaj. Gotuj na małym ogniu przez 5 minut.
- Podawać na gorąco.

Dhal Dhokli

(gudżarati pikantna przekąska)

Podaje 4 porcje

Składniki
Dla dokumentu:

175 g/6 uncji mąki pełnoziarnistej

szczypta kurkumy

¼ łyżeczki chili w proszku

½ łyżeczki nasion ajovani

1 łyżeczka rafinowanego oleju roślinnego

100 ml/3½ ml wody

Dla dhala:

2 łyżki rafinowanego oleju roślinnego

3-4 zęby

5 cm/2 w cynamonie

1 łyżeczka nasion gorczycy

300 g/10 uncji Masoor Dhal*, gotowane i puree

½ łyżeczki szafranu

wskazówka asafetydy

1 łyżka pasty z tamaryndowca

2 łyżki mielonego sezamu*

60 g/2 uncje orzeszków ziemnych

1 łyżeczka mielonej kolendry

1 łyżeczka mielonego kminku

½ łyżeczki chili w proszku

sól dla smaku

25 g liści kolendry, drobno posiekanych

metoda

- Wszystkie składniki dokli wymieszać. Zagnieść do uzyskania zwartego ciasta.
- Ciasto podzielić na 5-6 kulek. Rozwałkować na grube krążki o średnicy 6 cm. Odstawić na 10 minut do stężenia.
- Pokrój krążki dhokli na kawałki w kształcie rombu. Odłóż to na bok.
- W przypadku dhalu rozgrzej olej na patelni. Dodać goździki, cynamon i gorczycę. Pozwól im kopać przez 15 sekund.
- Dodaj wszystkie pozostałe składniki dhalu oprócz liści kolendry. Dobrze wymieszaj. Gotuj na dużym ogniu, aż ghee zacznie się gotować.
- Dodaj kawałki dhokl do ugotowanego dhalu. Kontynuuj gotowanie na małym ogniu przez 10 minut.
- Udekoruj listkami kolendry. Podawać na gorąco.

Mszał

(Zdrowa przekąska z kiełków fasoli)

Podaje 4 porcje

Składniki

3-4 łyżki rafinowanego oleju roślinnego

½ łyżeczki nasion gorczycy

¼ łyżeczki asafetydy

6 liści curry

1 łyżeczka pasty imbirowej

1 łyżka pasty czosnkowej

25 g/bit 1 uncja liści kolendry, zmielonych w blenderze

1 łyżeczka chili w proszku

1 łyżeczka pasty z tamaryndowca

2 łyżki cukru pudru*

sól dla smaku

300g/10 uncji kiełkującej fasoli mung, ugotowanej

2 duże ziemniaki, pokrojone w kostkę i ugotowane

500 ml/16 ml uncji wody

300g/10 uncji Mieszanka Bombaj*

1 duży pomidor, drobno posiekany

1 duża cebula, drobno posiekana

25 g liści kolendry, drobno posiekanych

4 kromki chleba

Na mieszankę przypraw:

1 łyżeczka nasion kminku

2 łyżeczki nasion kolendry

2 goździki

3 ziarna pieprzu

¼ łyżeczki cynamonu w proszku

metoda

- Zmiel wszystkie składniki mieszanki przypraw. Odłóż to na bok.
- Rozgrzej olej na patelni. Dodać gorczycę, asafetydę i liście curry. Pozwól im kopać przez 2-3 minuty.
- Dodaj pastę imbirową, pastę czosnkową, zmielone liście kolendry, chili w proszku, pastę z tamaryndowca, brązowy cukier i sól. Dobrze wymieszaj i gotuj przez 3-4 minuty.
- Dodaj zmieloną mieszankę przypraw. Smażyć przez 2-3 minuty.
- Dodaj kiełki fasoli, ziemniaki i wodę. Dobrze wymieszaj i gotuj przez 15 minut.
- Przełóż na talerz i posyp Bombay mix, posiekanym pomidorem, posiekaną cebulą i listkami kolendry.
- Podawać gorące z kromką chleba na boku.

Pandora

(Przekąska Mung Dhal)

12 lat temu

Składniki

1 zielone chili przekrojone wzdłuż na pół

sól dla smaku

1 łyżka wodorowęglanu sodu

¼ łyżeczki asafetydy

250 g/9 uncji całego mung dhal*, moczone przez 4 godziny

2 łyżeczki rafinowanego oleju roślinnego

2 łyżeczki liści kolendry, drobno posiekanych

metoda

- Do dhalu dodaj zielone chilli, sól, sodę oczyszczoną i asafetydę. Zmiel go na pastę.
- Okrągłą formę o średnicy 20 cm wysmarować olejem i wlać pastę dhal. Gotuj na parze przez 10 minut.
- Gotuj mieszaninę dhal przez 10 minut. Po ostygnięciu pokroić na 2,5 cm kawałki.
- Udekoruj listkami kolendry. Podawać na gorąco z zielonym chutneyem kokosowym

adai warzywne

(Naleśnik z warzywami, ryżem i soczewicą)

sprawia, że 8

Składniki

100 g gotowanego ryżu

150g masoor dhal*

75 g/2½ uncji urad dhal*

3-4 czerwone papryki

¼ łyżeczki asafetydy

sól dla smaku

4 łyżki wody

1 drobno posiekana cebula

½ marchewki, drobno startej

50g kapusty,

4-5 drobno posiekanych liści curry

10 g liści kolendry, drobno posiekanych

4 łyżeczki rafinowanego oleju roślinnego

metoda

- Namocz ryż i dhal razem przez około 20 minut.
- Odcedź i dodaj czerwoną paprykę, asafetydę, sól i wodę. Zmiel go na gęstą pastę.
- Dodaj cebulę, marchewkę, kapustę, liście curry i liście kolendry. Dobrze wymieszaj, aby uzyskać ciasto o konsystencji podobnej do biszkoptu. Dodaj więcej wody, jeśli konsystencja nie jest odpowiednia.
- Dołącz płaski kształt. Nabieraj po łyżce ciasta. Rozsmaruj wierzchem łyżki, aby powstał cienki naleśnik.
- Skrop pół łyżeczki oleju wokół naleśnika. Obrócić do smażenia z obu stron.
- Czynność powtórzyć dla reszty ciasta. Podawać na gorąco z kokosowym chutneyem

pikantna kolba kukurydzy

Podaje 4 porcje

Składniki

8 kłosów kukurydzy

masło solone do smaku

sól dla smaku

2 łyżeczki chaat masali*

2 cytryny, przekrojone na pół

metoda

- Grilluj kolbę kukurydzy na grillu węglowym lub na otwartym ogniu na złoty kolor.
- Wetrzyj masło, sól, chaat masala i cytrynę w każde ucho.
- Natychmiast podawaj.

Kotlety z warzywami mieszanymi

12 lat temu

Składniki

sól dla smaku

¼ łyżeczki mielonego czarnego pieprzu

4-5 dużych ziemniaków, ugotowanych i startych

2 łyżki rafinowanego oleju roślinnego plus dodatkowo do smażenia

1 mała cebula, drobno posiekana

½ łyżeczki garam masali

1 łyżka soku z cytryny

100 g mrożonych mieszanych warzyw

2-3 zielone papryczki chilli, drobno posiekane

50 g liści kolendry, drobno posiekanych

250g/9 uncji Proszek Arrowroot

150 ml/5 ml uncji wody

100 g bułki tartej

metoda

- Dodaj sól i czarny pieprz do ziemniaków. Dobrze wymieszaj i podziel na 12 kulek. Odłóż to na bok.
- W przypadku nadzienia rozgrzać na patelni 2 łyżki oleju. Podsmaż cebulę na średnim ogniu, aż będzie przezroczysta.
- Dodaj garam masala, sok z cytryny, mieszankę warzyw, zielony pieprz i liście kolendry. Dobrze wymieszaj i gotuj na średnim ogniu przez 2-3 minuty. Kochaj dobrze i rezerwuj.
- Spłaszczyć kulki ziemniaczane natłuszczonymi dłońmi.
- Na każdy placek ziemniaczany nałóż trochę mieszanki nadzienia. Gotować, aby zrobić podłużne kotlety. Odłóż to na bok.
- Wymieszaj proszek maranta z wystarczającą ilością wody, aby utworzyć delikatną pastę.
- Rozgrzej olej na patelni. Kotlety maczać w cieście, panierować w bułce tartej i smażyć na średnim ogniu na złoty kolor.
- Odcedź i podawaj na gorąco.

Idli Upma

(przekąska z ciasta ryżowego na parze)

Podaje 4 porcje

Składniki

5 łyżek rafinowanego oleju roślinnego

½ łyżeczki nasion gorczycy

½ łyżeczki nasion kminku

1 łyżeczka urad dhal*

2 zielone papryczki chilli pokrojone wzdłuż

8 liści curry

wskazówka asafetydy

¼ łyżeczki kurkumy

8 zmiażdżonych idlisów

2 łyżki brązowego cukru

1 łyżka liści kolendry, drobno posiekanych

sól dla smaku

metoda

- Rozgrzej olej na patelni. Dodaj nasiona gorczycy, nasiona kminku, urad dhal, zielone chilli, liście curry, asafetydę i kurkumę. Niech krzyczą przez 30 sekund.
- Dodać pokruszony idlis, cukier granulowany, kolendrę i sól. Delikatnie wymieszaj.
- Natychmiast podawaj.

Dhal Bhajiya

(Smażone kulki z soczewicy w cieście)

15 lat temu

Składniki

250/9 uncji mung dhal*, moczone przez 2-3 godziny

2 zielone chilli, drobno posiekane

2 łyżki liści kolendry, drobno posiekanych

1 łyżeczka nasion kminku

sól dla smaku

Rafinowany olej roślinny do smażenia

metoda

- Dhal odcedzamy i grubo siekamy.
- Dodaj paprykę, liście kolendry, kminek i sól. Dobrze wymieszaj.
- Rozgrzej olej na patelni. Dodać małe porcje mieszanki dhal i smażyć na średnim ogniu na złoty kolor.
- Podawać na gorąco z miętowym chutneyem

masala papad

(Poppadomy nadziewane przyprawami)

sprawia, że 8

Składniki

2 pomidory, drobno posiekane

2 duże cebule, drobno posiekane

3 zielone chilli, drobno posiekane

10 g liści kolendry, posiekanych

2 łyżki soku z cytryny

1 łyżeczka masali*

sól dla smaku

8 poppadomów

metoda

- Wymieszaj wszystkie składniki oprócz popadomów w misce.
- Smaż popadomatę na dużym ogniu, obracając z każdej strony. Upewnij się, że się nie palą.
- Rozłóż mieszankę warzyw na każdym poppadomie. Natychmiast podawaj.

kanapka z warzywami

sprawia, że 6

Składniki

12 kromek chleba

50 g masła

100 g miętowego chutneya

1 duży ziemniak, ugotowany i pokrojony w cienkie plasterki

1 cienko pokrojony pomidor

1 duża cebula, cienko pokrojona

1 cienko pokrojony ogórek

Masala Chaat*testować

sól dla smaku

metoda

- Posmaruj kromki chleba masłem i posmaruj każdą cienką warstwą miętowego chutney.
- Na 6 kromkach chleba ułóż warstwę ziemniaków, pomidorów, cebuli i ogórka.
- Posypać odrobiną chaat masala i solą.
- Połóż pozostałe kromki chleba na wierzchu i pokrój je według uznania. Natychmiast podawaj.

Kiełkujące Roladki Z Zielonej Fasoli

sprawia, że 8

Składniki

175 g/6 uncji mąki pełnoziarnistej

2 łyżki zwykłej białej mąki

½ łyżeczki brązowego cukru

75 ml / 2½ ml wody

50 g mrożonego groszku

25 g/opakowanie 1 uncja kiełkującej fasoli mung

2 łyżki rafinowanego oleju roślinnego

50 g drobno posiekanego szpinaku

1 mały pomidor, drobno posiekany

1 mała cebula, drobno posiekana

30 g liści kapusty, drobno posiekanych

1 łyżeczka mielonego kminku

1 łyżeczka mielonej kolendry

¼ łyżeczki pasty imbirowej

¼ łyżeczki pasty czosnkowej

60ml/2ml kremu

sól dla smaku

750 g jogurtu

metoda

- Wymieszaj mąkę pełnoziarnistą, białą mąkę, cukier i wodę. Zagnieść na sztywne ciasto. Odłóż to na bok.
- Ugotuj groszek i mango w minimalnej ilości wody. Biegaj i rezerwuj.
- Rozgrzej olej na patelni. Dodaj szpinak, pomidor, cebulę i kapustę. Smażyć, od czasu do czasu mieszając, aż pomidory zamienią się w miąższ.
- Dodaj mieszankę grochu i mung wraz ze wszystkimi pozostałymi składnikami oprócz makaronu. Gotuj na średnim ogniu, aż wyschnie. Odłóż to na bok.
- Z ciasta zrobić cienkie chapati.
- Po jednej stronie każdego chapatti umieść ugotowaną mieszankę wzdłuż na środku i zwiń. Podawać z miętowym chutneyem i jogurtem.

Kanapka z Chutneyem

sprawia, że 6

Składniki

12 kromek chleba

½ łyżeczki masła

6 łyżek miętowego chutney

4 pomidory, pokrojone

metoda

- Posmaruj masłem wszystkie kromki chleba. Rozłóż miętowy chutney na 6 plasterkach.
- Umieść pomidory na miętowym chutney i przykryj kolejnym plasterkiem posmarowanym masłem. Natychmiast podawaj.

Chatpata Gobhi

(pikantna przekąska z kalafiora)

Podaje 4 porcje

Składniki

500 g/1 funt 2 uncje kalafiora

sól dla smaku

1 łyżeczka mielonego czarnego pieprzu

1 łyżka rafinowanego oleju roślinnego

1 łyżka soku z cytryny

metoda

- Kalafior gotować na parze przez 10 minut. Odstawić do ostygnięcia.
- Dobrze wymieszaj ugotowane na parze kwiaty z pozostałymi składnikami. Umieść kalafior w naczyniu żaroodpornym i gotuj przez 5-7 minut lub do uzyskania złotego koloru. Podawać na gorąco.

Sabudana Vada

(Kotlety Sago)

12 lat temu

Składniki

300g sago

125 g prażonych i grubo posiekanych orzeszków ziemnych

2 duże ugotowane i starte ziemniaki

5 zielonych papryczek chilli, posiekanych

sól dla smaku

Rafinowany olej roślinny do smażenia

metoda

- Sago moczyć przez 5 godzin. Dobrze odcedź i pozostaw na 3-4 godziny.
- Wymieszaj sago ze wszystkimi składnikami oprócz oleju. Dobrze gotować.
- Nasmaruj dłonie i zrób z tej mieszanki dwanaście burgerów.
- Rozgrzej olej na patelni. Smaż 3-4 placki na raz na średnim ogniu, aż uzyskasz złoty kolor.
- Osączyć na chłonnym papierze. Podawać na gorąco z miętowym chutneyem.

upma chleb

(chleb przekąskowy)

Podaje 4 porcje

Składniki

2 łyżki rafinowanego oleju roślinnego

½ łyżeczki nasion gorczycy

½ łyżeczki nasion kminku

3 zielone papryczki chilli pokrojone wzdłuż

½ łyżeczki szafranu

¼ łyżeczki asafetydy

2 cebule, drobno posiekane

2 pomidory, drobno posiekane

sól dla smaku

2 łyżki cukru

3-4 łyżki wody

15 kromek chleba pokrojonego na kawałki

1 łyżka liści kolendry, posiekanych

metoda

- Rozgrzej olej na patelni. Dodać gorczycę, kminek, zieloną paprykę, kurkumę i asafetydę. Pozwól im kopać przez 15 sekund.
- Dodaj cebulę i smaż, aż będzie przezroczysta. Dodaj pomidory, sól, cukier i wodę. Doprowadzić do wrzenia na średnim ogniu.
- Dodaj chleb i dobrze wymieszaj. Gotuj przez 2-3 minuty, od czasu do czasu mieszając.
- Udekoruj listkami kolendry. Podawać na gorąco.

pikantna kaja

(Pikantne ciasteczka z mąką imbirową)

daje 25-30

Składniki

500g/1lb 2oz besan*

85 g/3 uncje zwykłej białej mąki

2 łyżeczki chili w proszku

½ łyżeczki nasion ajovani

½ łyżeczki nasion kminku

1 łyżka liści kolendry, posiekanych

sól dla smaku

200 ml/7 ml uncji wody

1 łyżka rafinowanego oleju roślinnego plus dodatkowo do smażenia

metoda

- Wszystkie składniki oprócz oleju do smażenia zagnieść na miękkie ciasto.

- Uformować 25-30 kulek o średnicy 10 cm. Wszystko nakłuć widelcem.

- Pozostawić do wyschnięcia na czystej ściereczce przez 25-30 minut.

- Smażyć w głębokim tłuszczu na złoty kolor. Odcedź, wstaw do lodówki i przechowuj do 15 dni.

Chrupiące frytki

Podaje 4 porcje

Składniki

500g/1lb 2 uncje Jogurt grecki

1 łyżeczka pasty imbirowej

1 łyżka pasty czosnkowej

1 łyżeczka garam masali

1 łyżeczka mielonego kminku, uprażonego

1 łyżka listków mięty, posiekanych

½ łyżki liści kolendry, posiekanych

sól dla smaku

2 łyżki rafinowanego oleju roślinnego

4-5 ziemniaków, obranych i pokrojonych w paski julienne

metoda

- Jogurt ubić w misce. Dodaj wszystkie składniki oprócz oleju i ziemniaków. Dobrze wymieszaj.

- Marynuj ziemniaki z jogurtem przez 3-4 godziny w lodówce.

- Na patelnię wlewamy olej i układamy na nim marynowane ziemniaki.

- Grilluj przez 10 minut. Odwróć ziemniaki i grilluj przez kolejne 8-10 minut, aż będą chrupiące. Podawać na gorąco.

Dhal Vada

(makaron smażony z soczewicą)

15 lat temu

Składniki

300 g/10 uncji cały masoor dhal*

150g masoor dhal*

1 duża cebula, drobno posiekana

2,5 cm korzenia imbiru, drobno posiekanego

3 zielone chilli, drobno posiekane

¼ łyżki stołowej asafetydy

sól dla smaku

Rafinowany olej roślinny do smażenia

metoda

- Wymieszaj razem maślankę. Umieść je w durszlaku i zalej wodą. Zarezerwuj na godzinę. Wysuszyć ręcznikiem.

- Zmiel maślankę na pastę. Dodaj wszystkie pozostałe składniki oprócz oleju. Dobrze mieszamy i podajemy masę w kształcie makaronu.

- Rozgrzej olej na patelni. Smaż burgery na średnim ogniu na złoty kolor. Podawać na gorąco z miętowym chutneyem

Zunka

(pikantne curry z mąki)

Podaje 4 porcje

Składniki

750g/1lb 10oz Besan*, palone na sucho

400 ml/14 ml uncji wody

4 łyżki rafinowanego oleju roślinnego

½ łyżeczki nasion gorczycy

½ łyżeczki nasion kminku

½ łyżeczki szafranu

3-4 zielone papryczki chilli pokrojone wzdłuż

10 ząbków czosnku, zmiażdżonych

3 małe cebule, drobno posiekane

1 łyżeczka pasty z tamaryndowca

sól dla smaku

metoda

- Wymieszaj besan z wystarczającą ilością wody, aby utworzyć gęstą pastę. Odłóż to na bok.

- Rozgrzej olej na patelni. Dodać gorczycę i kminek. Pozwól im kopać przez 15 sekund. Dodaj pozostałe składniki. Smaż przez minutę. Dodaj pastę besan i stale mieszaj na małym ogniu, aż zgęstnieje. Podawać na gorąco.

curry z rzepy

Podaje 4 porcje

Składniki

3 łyżki maku

3 łyżeczki nasion sezamu

3 łyżeczki nasion kolendry

3 łyżki startego świeżego kokosa

125 g jogurtu

120ml/4 butelki rafinowanego oleju roślinnego

2 duże cebule, drobno posiekane

1½ łyżeczki chili w proszku

1 łyżeczka pasty imbirowej

1 łyżka pasty czosnkowej

400 g/14 uncji rzepy, posiekanej

sól dla smaku

metoda

- Mak, sezam, kolendrę i kokos prażyć na sucho przez 1-2 minuty. Zmiel go na pastę.

- Ubij tę pastę z jogurtem. Odłóż to na bok.

- Rozgrzej olej na patelni. Dodaj pozostałe składniki. Smaż je na średnim ogniu przez 5 minut. Dodaj mieszankę jogurtową. Gotuj przez 7-8 minut. Podawać na gorąco.

Chhaner Dhalna

(panel w stylu bengalskim)

Podaje 4 porcje

Składniki

2 łyżki oleju musztardowego plus dodatkowo do smażenia

225g/8 uncji*, w kostkach

2,5 cm / 1 cal. cynamon

3 zielone strąki kardamonu

4 goździki

½ łyżeczki nasion kminku

1 łyżka kurkumy

2 duże ziemniaki pokrojone w kostkę i usmażone

½ łyżeczki chili w proszku

2 łyżki cukru

sól dla smaku

250ml/8ml uncji wody

2 łyżki liści kolendry, posiekanych

metoda

- Na patelni rozgrzej olej do smażenia. Dodać panettone i smażyć na średnim ogniu na złoty kolor. Biegaj i rezerwuj.

- Pozostały olej rozgrzej na patelni. Dodaj pozostałe składniki oprócz wody i liści kolendry. Smażyć przez 2-3 minuty.

- Dodaj wodę. Gotuj przez 7-8 minut. Dodać panettone. Smaż przez kolejne 5 minut. Udekoruj listkami kolendry. Podawać na gorąco.

kukurydza z kokosem

Podaje 4 porcje

Składniki

2 łyżki ghee

600 g / 1 funt 5 uncji ziaren kukurydzy, ugotowanych

1 łyżka cukru

1 łyżka soli

10 g liści kolendry, drobno posiekanych

Na pastę kokosową:

50g/1¾oz świeżego startego kokosa

3 łyżki maku

1 łyżeczka nasion kolendry

2,5 cm / 1 cal korzenia imbiru, zwiędły

3 zielone papryki

125 g/4½ uncji orzeszków ziemnych

metoda

- Wszystkie składniki na pastę kokosową grubo zmiksować. Podgrzej ghee na patelni. Dodaj pastę i smaż przez 4-5 minut, ciągle mieszając.

- Dodaj kukurydzę, cukier i sól. Gotuj na małym ogniu przez 4-5 minut.

- Udekoruj listkami kolendry. Podawać na gorąco.

Zielona papryka z ziemniakami

Podaje 4 porcje

Składniki

2 łyżki rafinowanego oleju roślinnego

1 łyżeczka nasion kminku

10 ząbków czosnku, drobno posiekanych

3 duże ziemniaki pokrojone w kostkę

2 łyżeczki mielonej kolendry

1 łyżeczka mielonego kminku

½ łyżeczki szafranu

½ łyżeczki amkoru*

½ łyżeczki garam masali

sól dla smaku

3 duże zielone papryki, posiekane

3 łyżki liści kolendry, posiekanych

metoda

- Rozgrzej olej na patelni. Dodaj nasiona kminku i czosnek. Smażyć przez 30 sekund.

- Dodaj pozostałe składniki oprócz papryki i liści kolendry. Smażyć na średnim ogniu przez 5-6 minut.

- Dodaj papryki. Smażyć na małym ogniu przez kolejne 5 minut. Udekoruj listkami kolendry. Podawać na gorąco.

Pikantny groszek z ziemniakami

Podaje 4 porcje

Składniki

2 łyżki rafinowanego oleju roślinnego

1 łyżeczka pasty imbirowej

1 duża cebula, drobno posiekana

2 duże ziemniaki, pokrojone w kostkę

500g groszku konserwowego

½ łyżeczki szafranu

sól dla smaku

½ łyżeczki garam masali

2 duże pomidory, pokrojone w kostkę

½ łyżeczki chili w proszku

1 łyżka cukru

1 łyżka liści kolendry, posiekanych

metoda

- Rozgrzej olej na patelni. Dodaj pastę imbirową i cebulę. Smaż je, aż cebula będzie przezroczysta.

- Dodaj wszystkie pozostałe składniki oprócz liści kolendry. Dobrze wymieszaj. Przykryj pokrywką i gotuj na małym ogniu przez 10 minut.

- Udekoruj listkami kolendry. Podawać na gorąco.

Smażone grzyby

Podaje 4 porcje

Składniki

2 łyżki rafinowanego oleju roślinnego

4 zielone papryczki chilli pokrojone wzdłuż

8 ząbków czosnku, rozgniecionych

100 g zielonej papryki, pokrojonej w plasterki

400g pieczarek pokrojonych w plastry

sól dla smaku

½ łyżeczki drobno zmielonego czarnego pieprzu

25 g/bit 1 uncja liści kolendry, posiekanych

metoda

- Rozgrzej olej na patelni. Dodaj zieloną paprykę, czosnek i zieloną paprykę. Smaż je na średnim ogniu przez 1-2 minuty.

- Dodać pieczarki, sól i picprz. Dobrze wymieszaj. Smażymy na średnim ogniu do miękkości. Udekoruj listkami kolendry. Podawać na gorąco.

Pikantne Pieczarki Z Kukurydzą Dla Dzieci

Podaje 4 porcje

Składniki

2 łyżki rafinowanego oleju roślinnego

1 łyżeczka nasion kminku

2 liście laurowe

1 łyżeczka pasty imbirowej

2 zielone chilli, drobno posiekane

1 duża cebula, drobno posiekana

200 g grzybów, przekrojonych na pół

8-10 małych odcisków, posiekanych

125g przecieru pomidorowego

½ łyżeczki szafranu

sól dla smaku

½ łyżeczki garam masali

½ łyżeczki cukru

10 g liści kolendry, posiekanych

metoda

- Rozgrzej olej na patelni. Dodaj nasiona kminku i liście laurowe. Pozwól im kopać przez 15 sekund.

- Dodać pastę imbirową, zieloną paprykę i cebulę. Smażyć przez 1-2 minuty.

- Dodaj wszystkie pozostałe składniki oprócz liści kolendry. Dobrze wymieszaj. Przykryj pokrywką i gotuj na małym ogniu przez 10 minut.

- Udekoruj listkami kolendry. Podawać na gorąco.

Pikantny suchy kalafior

Podaje 4 porcje

Składniki

Kalafior 750g/1lb 10 uncji

sól dla smaku

szczypta kurkumy

4 liście laurowe

750 ml/1¼ litra wody

2 łyżki rafinowanego oleju roślinnego

4 goździki

4 zielone strąki kardamonu

1 duża cebula, pokrojona w plasterki

1 łyżeczka pasty imbirowej

1 łyżka pasty czosnkowej

1 łyżeczka garam masali

½ łyżeczki chili w proszku

¼ łyżeczki mielonego czarnego pieprzu

10 orzechów nerkowca, zmielonych

2 łyżki jogurtu

3 łyżki przecieru pomidorowego

3 łyżki masła

60 ml/2 ml pojedynczego kremu

metoda

- Gotuj kalafior z solą, szafranem, liściem laurowym i wodą na patelni na średnim ogniu przez 10 minut. Odcedź i ułóż arkusze w wyrobie ogniotrwałym. Odłóż to na bok.

- Rozgrzej olej na patelni. Dodaj goździki i kardamon. Pozwól im kopać przez 15 sekund.

- Dodaj cebulę, pastę imbirową i pastę czosnkową. Smaż przez minutę.

- Dodaj garam masala, chili w proszku, pieprz i orzechy nerkowca. Smażyć przez 1-2 minuty.

- Dodaj jogurt i przecier pomidorowy. Homogenizować. Dodaj masło i kwaśny sos. Mieszaj przez minutę. Zdjąć z ognia.

- Zalać kalafiorem. Piec w temperaturze 150°C (300°F, Gas Mark 2) w nagrzanym piekarniku przez 8-10 minut. Podawać na gorąco.

curry grzybowe

Podaje 4 porcje

Składniki

3 łyżki rafinowanego oleju roślinnego

2 duże cebule, posiekane

1 łyżeczka pasty imbirowej

1 łyżka pasty czosnkowej

½ łyżeczki szafranu

1 łyżeczka chili w proszku

1 łyżeczka mielonej kolendry

400g pieczarek pokrojonych w ćwiartki

200g groszku

2 pomidory, drobno posiekane

½ łyżeczki garam masali

sól dla smaku

20 orzechów nerkowca, zmielonych

240ml/6ml uncji wody

metoda

- Rozgrzej olej na patelni. Dodaj cebulę. Smaż je, aż nabiorą złotego koloru.

- Dodaj pastę imbirową, pastę czosnkową, kurkumę, chili w proszku i mieloną kolendrę. Smażyć na średnim ogniu przez minutę.

- Dodaj pozostałe składniki. Dobrze wymieszaj. Przykryj pokrywką i gotuj przez 8-10 minut. Podawać na gorąco.

Bharta Baingan

(Pieczony bakłażan)

Podaje 4 porcje

Składniki

1 duży bakłażan

3 łyżki rafinowanego oleju roślinnego

1 duża cebula, drobno posiekana

3 zielone papryczki chilli pokrojone wzdłuż

¼ łyżeczki kurkumy

sól dla smaku

½ łyżeczki garam masali

1 drobno pokrojony pomidor

metoda

- Bakłażana nakłuwamy widelcem i grillujemy przez 25 minut. Po ostygnięciu odrzucić ugotowaną skórkę i pokroić mięso. Odłóż to na bok.

- Rozgrzej olej na patelni. Dodaj cebulę i zieloną przyprawę. Smażyć na średnim ogniu przez 2 minuty.

- Dodaj kurkumę, sól, garam masala i pomidory. Dobrze wymieszaj. Smażyć przez 5 minut. Dodać pokrojonego bakłażana. Dobrze wymieszaj.

- Gotuj na małym ogniu przez 8 minut, od czasu do czasu mieszając. Podawać na gorąco.

hyderabad warzywny

Podaje 4 porcje

Składniki

2 łyżki rafinowanego oleju roślinnego

½ łyżeczki nasion gorczycy

1 duża cebula, drobno posiekana

400 g/14 uncji mrożonych mieszanych warzyw

½ łyżeczki szafranu

sól dla smaku

Na mieszankę przypraw:

Korzeń imbiru 2,5 cm/1 cal

8 ząbków czosnku

2 goździki

2,5 cm / 1 cal. cynamon

1 łyżeczka nasion kozieradki

3 zielone papryki

4 łyżki świeżo startego kokosa

10 orzechów nerkowca

metoda

- Wszystkie składniki mieszanki przypraw zmiksować. Odłóż to na bok.

- Rozgrzej olej na patelni. Dodać ziarna gorczycy. Pozwól im kopać przez 15 sekund. Dodać cebulę i smażyć na złoty kolor.

- Dodaj pozostałe składniki i zmieloną mieszankę przypraw. Dobrze wymieszaj. Gotuj na małym ogniu przez 8-10 minut. Podawać na gorąco.

Kaddu Bhaji*

(Suszona Dynia)

Podaje 4 porcje

Składniki

3 łyżki rafinowanego oleju roślinnego

½ łyżeczki nasion kminku

¼ łyżeczki nasion kozieradki

600 g dyni, pokrojonej w cienkie plasterki

sól dla smaku

½ łyżeczki mielonego prażonego kminku

½ łyżeczki chili w proszku

¼ łyżeczki kurkumy

1 łyżeczka kokosa*

1 łyżka cukru

metoda

- Rozgrzej olej na patelni. Dodaj nasiona kminku i kozieradkę. Pozwól im kopać przez 15 sekund. Dodać dynię i sól. Dobrze wymieszaj. Przykryj pokrywką i gotuj na średnim ogniu przez 8 minut.

- Odkryć i lekko docisnąć grzbietem łyżki. Dodać pozostałe składniki. Dobrze wymieszaj. Gotuj przez 5 minut. Podawać na gorąco.

Muthia nu Shak

(Grecki kubek wachlarza w sosie)

Podaje 4 porcje

Składniki

200 g świeżych liści kozieradki, drobno posiekanych

sól dla smaku

125 g mąki pełnoziarnistej

125 g/4½ uncji fasoli*

2 zielone chilli, drobno posiekane

1 łyżeczka pasty imbirowej

3 łyżki cukru

1 sok z cytryny

½ łyżeczki garam masali

½ łyżeczki szafranu

Szczypta sody oczyszczonej

3 łyżki rafinowanego oleju roślinnego

½ łyżeczki nasion ajovani

½ łyżeczki nasion gorczycy

wskazówka asafetydy

250ml/8ml uncji wody

metoda

- Wymieszaj liście kozieradki z solą. Zarezerwuj na 10 minut. Wyciśnij wilgoć.

- Liście kozieradki wymieszać z mąką, besanem, zielonym chilli, pastą imbirową, cukrem, sokiem z cytryny, garam masala, kurkumą i sodą oczyszczoną. Zagnieść na miękkie ciasto.

- Z ciasta uformować 30 kulek wielkości orzecha włoskiego. Spłaszczyć trochę, aby utworzyć muthias. Odłóż to na bok.

- Rozgrzej olej na patelni. Dodaj nasiona ajovanu, nasiona gorczycy i asafetydę. Pozwól im kopać przez 15 sekund.

- Dodać muthias i wodę.

- Przykryj pokrywką i gotuj przez 10-15 minut. Podawać na gorąco.

Odpady z dyni

(dynia z curry z soczewicy)

Podaje 4 porcje

Składniki

50g/1¾oz świeżego startego kokosa

1 łyżeczka nasion kminku

2 czerwone papryki

150 g/5½ uncji mung dhal*, moczyć przez 30 minut i odcedzić

2 łyżki chana dhal*

sól dla smaku

500 ml/16 ml uncji wody

2 łyżki rafinowanego oleju roślinnego

250g dyni, pokrojonej w kostkę

¼ łyżeczki kurkumy

metoda

- Zmiel kokos, nasiona kminku i czerwone chili na pastę. Odłóż to na bok.

- Daktyle wymieszać z solą i wodą. Gotuj tę mieszaninę na patelni na średnim ogniu przez 40 minut. Odłóż to na bok.

- Rozgrzej olej na patelni. Dodaj dynię, kurkumę, ugotowany dhal i pastę kokosową. Dobrze wymieszaj. Smażyć przez 10 minut. Podawać na gorąco.

wyścig

(Kapusta i groszek w sosie)

Podaje 4 porcje

Składniki

2 łyżki rafinowanego oleju roślinnego plus dodatkowo do smażenia

Kalafior 250g/9 uncji

2 łyżki startego świeżego kokosa

1 cm/½ w korzeniu imbiru, rozgnieciony

4-5 zielonych papryczek chilli pokrojonych wzdłuż

2-3 drobno posiekane pomidory

400 g mrożonego groszku

1 łyżka cukru

sól dla smaku

metoda

- Na patelni rozgrzej olej do smażenia. Dodaj kalafior. Smażyć na średnim ogniu na złoty kolor. Biegaj i rezerwuj.
- Zmiel kokos, imbir, zieloną paprykę i pomidory. Na patelni rozgrzej 2 łyżki oleju. Dodaj tę pastę i smaż przez 1-2 minuty.
- Dodać kalafiora i pozostałe składniki. Dobrze wymieszaj. Gotuj na małym ogniu przez 4-5 minut. Podawać na gorąco.

Doodhi Manpasand

(dynia w sosie)

Podaje 4 porcje

Składniki

3 łyżki rafinowanego oleju roślinnego

3 suszone czerwone papryki

1 duża cebula, drobno posiekana

500g/1lb 2oz dyni*, rozbity

¼ łyżeczki kurkumy

2 łyżeczki mielonej kolendry

1 łyżeczka mielonego kminku

½ łyżeczki chili w proszku

½ łyżeczki garam masali

2,5 cm korzenia imbiru, drobno posiekanego

2 pomidory, drobno posiekane

1 zielona papryka, bez pestek, bez pestek i drobno posiekana

sól dla smaku

2 łyżeczki liści kolendry, drobno posiekanych

metoda

- Rozgrzej olej na patelni. Smaż czerwoną paprykę i cebulę przez 2 minuty.
- Dodaj wszystkie pozostałe składniki oprócz liści kolendry. Dobrze wymieszaj. Gotuj na małym ogniu przez 5-7 minut. Udekoruj listkami kolendry. Podawać na gorąco.

Chokha Pomidorowa

(kompot pomidorowy)

Podaje 4 porcje

Składniki

6 dużych pomidorów

2 łyżki rafinowanego oleju roślinnego

1 duża cebula, drobno posiekana

8 ząbków czosnku, drobno posiekanych

1 zielone chili, drobno posiekane

½ łyżeczki chili w proszku

10 g liści kolendry, drobno posiekanych

sól dla smaku

metoda

- Zmiel pomidory przez 10 minut. Obierz i wciśnij w miąższ. Odłóż to na bok.
- Rozgrzej olej na patelni. Dodaj cebulę, czosnek i zieloną paprykę. Smażyć przez 2-3 minuty. Dodaj pozostałe składniki i przecier pomidorowy. Dobrze wymieszaj. Przykryj pokrywką i gotuj przez 5-6 minut. Podawać na gorąco.

Baingan Chokha

(kompot z bakłażana)

Podaje 4 porcje

Składniki

1 duży bakłażan

2 łyżki rafinowanego oleju roślinnego

1 mała cebula, posiekana

8 ząbków czosnku, drobno posiekanych

1 zielone chili, drobno posiekane

1 drobno pokrojony pomidor

60 g / 2 uncje ziaren kukurydzy, ugotowanych

10 g liści kolendry, drobno posiekanych

sól dla smaku

metoda

- Bakłażana nakłuwamy w całości widelcem. Grillować przez 10-15 minut. Obierz i wciśnij w miąższ. Odłóż to na bok.
- Rozgrzej olej na patelni. Dodaj cebulę, czosnek i zieloną paprykę. Smaż je na średnim ogniu przez 5 minut.

- Dodać pozostałe składniki i pulpę z bakłażana. Dobrze wymieszaj. Gotuj przez 3-4 minuty. Podawać na gorąco.

Curry z kalafiora i grochu

Podaje 4 porcje

Składniki

3 łyżki rafinowanego oleju roślinnego

¼ łyżeczki kurkumy

3 zielone papryczki chilli pokrojone wzdłuż

1 łyżeczka mielonej kolendry

2,5 cm korzenia imbiru, posiekanego

Kalafior 250g/9 uncji

400g świeżego zielonego groszku

60 ml/2 ml uncji wody

sól dla smaku

1 łyżka liści kolendry, drobno posiekanych

metoda

- Rozgrzej olej na patelni. Dodaj kurkumę, zielony pieprz, mieloną kolendrę i imbir. Smażyć na średnim ogniu przez minutę.
- Dodaj wszystkie pozostałe składniki oprócz liści kolendry. Dobrze wymieszaj, gotuj przez 10 minut.
- Udekoruj listkami kolendry. Podawać na gorąco.

Aloo Methi ki Sabzi

(Curry z ziemniaków i kozieradki)

Podaje 4 porcje

Składniki

100 g liści kozieradki, posiekanych

sól dla smaku

4 łyżki rafinowanego oleju roślinnego

1 łyżeczka nasion kminku

5-6 zielonych papryczek chilli

¼ łyżeczki kurkumy

wskazówka asafetydy

6 dużych ugotowanych i startych ziemniaków

metoda

- Wymieszaj liście kozieradki z solą. Zarezerwuj na 10 minut.
- Rozgrzej olej na patelni. Dodaj nasiona kminku, pieprz i kurkumę. Pozwól im kopać przez 15 sekund.
- Dodaj pozostałe składniki i liście kozieradki. Dobrze wymieszaj. Gotuj przez 8-10 minut na małym ogniu. Podawać na gorąco.

gorzka karela

Podaje 4 porcje

Składniki

500g/1lb 2oz gorzkiej tykwy*

sól dla smaku

750 ml/1¼ litra wody

1 cm/½ w korzeniu imbiru

10 ząbków czosnku

4 duże cebule, posiekane

4 łyżki rafinowanego oleju roślinnego

wskazówka asafetydy

½ łyżeczki szafranu

1 łyżeczka mielonej kolendry

1 łyżeczka mielonego kminku

1 łyżeczka pasty z tamaryndowca

2 łyżki sezamu*, Wdzięczny

metoda

- Obierz gorzką tykwę. Pokrój je w plastry i włóż do osolonej wody na 1 godzinę. Opłucz i odciśnij nadmiar wody. Umyć i zarezerwować.
- Zmiel imbir, czosnek i cebulę na pastę. Odłóż to na bok.
- Rozgrzej olej na patelni. Dodaj asafetidę. Niech dmucha przez 15 sekund. Dodać pastę z imbiru i cebuli oraz pozostałe składniki. Dobrze wymieszaj. Smażyć przez 3-4 minuty. Dodać gorzką tykwę. Dobrze wymieszaj. Przykryj pokrywką i gotuj na małym ogniu przez 8-10 minut. Podawać na gorąco.

Karela Koshimbir

(pokruszona chrupiąca gorzka tykwa)

Podaje 4 porcje

Składniki

500g/1lb 2oz gorzkiej tykwy*, obrane

sól dla smaku

Rafinowany olej roślinny do smażenia

2 średnie cebule, posiekane

50 g liści kolendry, posiekanych

3 zielone chilli, drobno posiekane

½ świeżego startego kokosa

1 łyżka soku z cytryny

metoda

- Pokrój gorzką tykwę. Posypujemy je solą i odstawiamy na 2-3 godziny.
- Rozgrzej olej na patelni. Dodaj gorzkie tykwy i smaż na średnim ogniu, aż będą złociste i chrupiące. Odcedzić, lekko ostudzić i rozgnieść palcami.
- Pozostałe składniki wymieszać w misce. Dodać ogórka i podawać jeszcze gorące.

karmelowe curry

(Gorzka Tykwa)

Podaje 4 porcje

Składniki

½ kokosa

2 czerwone papryki

1 łyżeczka nasion kminku

3 łyżki rafinowanego oleju roślinnego

1 szczypta asafetydy

2 duże cebule, drobno posiekane

2 zielone chilli, drobno posiekane

sól dla smaku

½ łyżeczki szafranu

500g/1lb 2oz gorzkiej tykwy*, obrać i pokroić

2 pomidory, drobno posiekane

metoda

- Zetrzyj połowę kokosa, a resztę posiekaj. Odłóż to na bok.
- prażenie na sucho (tzw techniki gotowania) wiórki kokosowe, czerwona papryka i kminek. Pozostawić do ostygnięcia i zmielić, aż powstanie drobna masa. Odłóż to na bok.
- Rozgrzej olej na patelni. Dodaj asafetydę, cebulę, pietruszkę, sól, kurkumę i wiórki kokosowe. Smażyć przez 3 minuty, ciągle mieszając.
- Dodaj gorzką tykwę i pomidory. Gotuj przez 3-4 minuty.
- Dodaj zmieloną pastę kokosową. Gotuj przez 5-7 minut i podawaj gorące.

Papryka kalafiorowa

Podaje 4 porcje

Składniki

3 łyżki rafinowanego oleju roślinnego

5 cm/2 w korzeniu imbiru, drobno posiekanego

12 ząbków czosnku, drobno posiekanych

1 kalafior, podzielony na różyczki

5 czerwonych papryczek chilli, poćwiartowanych i pozbawionych nasion

6 cebul przekrojonych na pół

3 pomidory, blanszowane i posiekane

sól dla smaku

metoda

- Rozgrzej olej na patelni. Dodaj imbir i czosnek. Smażyć na średnim ogniu przez minutę.
- Dodaj kalafiora i czerwoną paprykę. Smażyć przez 5 minut.
- Dodać pozostałe składniki. Dobrze wymieszaj. Gotuj na małym ogniu przez 7-8 minut. Podawać na gorąco.

orzechowe curry

Podaje 4 porcje

Składniki

4 łyżki ghee

10 g/¼ uncji orzechów nerkowca

10 g migdałów blanszowanych

10-12 orzeszków ziemnych

5-6 rodzynek

10 pistacji

10 posiekanych orzechów włoskich

2,5 cm korzenia imbiru, posiekanego

6 ząbków czosnku, rozgniecionych

4 małe cebule, drobno posiekane

4 drobno pokrojone pomidory

4 daktyle, wydrążone i pokrojone

½ łyżeczki szafranu

125 g/4½ uncji khoya*

1 łyżeczka garam masali

sól dla smaku

75g/2½ sera Cheddar, startego

1 łyżka liści kolendry, posiekanych

metoda

- Podgrzej ghee na patelni. Dodać wszystkie orzechy i smażyć na średnim ogniu na złoty kolor. Biegaj i rezerwuj.
- W tym samym ghee usmażyć imbir, czosnek i cebulę na złoty kolor.
- Dodaj prażone orzechy włoskie i wszystkie pozostałe składniki oprócz sera i liści kolendry. Przykryć pokrywką. Gotuj na małym ogniu przez 5 minut.
- Udekoruj serem i listkami kolendry. Podawać na gorąco.

Daikon opuszcza Bhaaji

Podaje 4 porcje

Składniki

2 łyżki rafinowanego oleju roślinnego

¼ łyżeczki mielonego kminku

2 czerwone chili, posiekane

wskazówka asafetydy

400 g/14 uncji liści daikon*, rozbity

300 g/10 uncji chana dhal*, moczone przez 1 godzinę

1 łyżeczka sezamu*, Wdzięczny

¼ łyżeczki kurkumy

sól dla smaku

metoda

- Rozgrzej olej na patelni. Dodaj kminek, czerwoną paprykę i asafetydę.
- Pozwól im kopać przez 15 sekund. Dodaj pozostałe składniki. Dobrze wymieszaj. Gotować na małym ogniu przez 10-15 minut. Podawać na gorąco.

chole aloo

(Curry z ciecierzycy i ziemniaków)

Podaje 4 porcje

Składniki

500 g ciecierzycy namoczonej przez noc

Szczypta sody oczyszczonej

sól dla smaku

1 litr / 1 ¾ litra wody

3 łyżki ghee

2,5 cm / 1 cal korzenia imbiru, zwiędły

2 duże cebule posiekane plus 1 mała cebula pokrojona w plasterki

2 pokrojone w kostkę pomidory

1 łyżeczka garam masali

1 łyżeczka mielonego kminku, uprażonego (zob techniki gotowania)

½ łyżeczki mielonego zielonego kardamonu

½ łyżeczki szafranu

2 duże ziemniaki, ugotowane i pokrojone w kostkę

2 łyżeczki pasty z tamaryndowca

1 łyżka liści kolendry, posiekanych

metoda

- Gotuj ciecierzycę z sodą oczyszczoną, solą i wodą na patelni na średnim ogniu przez 45 minut. Biegaj i rezerwuj.
- Podgrzej ghee na patelni. Dodaj imbir i posiekaną cebulę. Smażyć, aż będzie przezroczysty. Dodaj wszystkie pozostałe składniki oprócz liści kolendry i pokrojonej cebuli. Dobrze wymieszaj. Dodaj ciecierzycę i gotuj przez 7-8 minut.
- Udekoruj liśćmi kolendry i pokrojoną cebulą. Podawać na gorąco.

curry orzechowe

Podaje 4 porcje

Składniki

1 łyżeczka maku

1 łyżeczka nasion kolendry

1 łyżeczka nasion kminku

2 czerwone papryki

25 g/opakowanie 1 uncja świeżego kokosa, rozdrobnionego

3 łyżki ghee

2 małe cebule, posiekane

900g/2lb orzeszki ziemne, pokruszone

1 łyżeczka kokosa*

½ łyżeczki szafranu

1 duży pomidor, blanszowany i posiekany

2 łyżki sezamu*, Wdzięczny

500 ml/16 ml uncji wody

sól dla smaku

15 g liści kolendry, posiekanych

metoda

- Zmiel mak, nasiona kolendry, kminek, czerwoną paprykę i kokos na drobną pastę. Odłóż to na bok.
- Podgrzej ghee na patelni. Dodaj cebulę. Smażyć, aż będzie przezroczysty.
- Dodaj zmieloną pastę i pozostałe składniki oprócz liści kolendry. Dobrze wymieszaj. Gotuj przez 7-8 minut.
- Udekoruj listkami kolendry. Podawać na gorąco.

Fasola francuska Upkari

(fasolka szparagowa z kokosem)

Podaje 4 porcje

Składniki

1 łyżka rafinowanego oleju roślinnego

½ łyżeczki nasion gorczycy

½ łyżeczki urad dhal*

2-3 czerwone papryki, połamane

500 g/1 lb 2 uncje fasoli francuskiej, posiekanej

1 łyżeczka sezamu*, Wdzięczny

sól dla smaku

25 g/opakowanie 1 uncja świeżego kokosa, rozdrobnionego

metoda

- Rozgrzej olej na patelni. Dodać ziarna gorczycy. Pozwól im kopać przez 15 sekund.
- Dodaj dhal. Smażyć na złoty kolor. Dodać pozostałe składniki poza wiórkami kokosowymi. Dobrze wymieszaj. Gotuj na małym ogniu przez 8-10 minut.
- Udekoruj wiórkami kokosowymi. Podawać na gorąco.

Ambadei Karate

(Gorzka tykwa i zielone mango)

Podaje 4 porcje

Składniki

250g gorzkiej tykwy*, plastry

sól dla smaku

60g brązowego cukru*, Wdzięczny

1 łyżeczka rafinowanego oleju roślinnego

4 suszone czerwone papryki

1 łyżeczka urad dhal*

1 łyżeczka nasion kozieradki

2 łyżeczki nasion kolendry

50g/1¾oz świeżego startego kokosa

¼ łyżeczki kurkumy

4 małe zielone mango

metoda

- Kawałki gorzkiej tykwy natrzyj solą. Zarezerwuj na godzinę.
- Odciśnij wodę z kawałków dyni. Smaż je na patelni z brązowym cukrem na średnim ogniu przez 4-5 minut. Odłóż to na bok.
- Rozgrzej olej na patelni. Dodaj czerwone chilli, dhal, kozieradkę i nasiona kolendry. Smaż przez minutę. Dodać gorzką tykwę i pozostałe składniki. Dobrze wymieszaj. Gotuj na małym ogniu przez 4-5 minut. Podawać na gorąco.

Kadhai Paneer

(panel pikantny)

Podaje 4 porcje

Składniki

2 łyżki rafinowanego oleju roślinnego

1 duża cebula, pokrojona w plasterki

3 duże zielone papryki, drobno posiekane

500g/1lb 2oz*, pokroić na 2,5 cm kawałki

1 drobno pokrojony pomidor

¼ łyżeczki mielonej kolendry, uprażonej na sucho (zob techniki gotowania)

sól dla smaku

10 g liści kolendry, posiekanych

metoda

- Rozgrzej olej na patelni. Dodaj cebulę i paprykę. Smażyć na średnim ogniu przez 2-3 minuty.
- Dodaj wszystkie pozostałe składniki oprócz liści kolendry. Dobrze wymieszaj. Gotuj na małym ogniu przez 5 minut. Udekoruj listkami kolendry. Podawać na gorąco.

Kathirikkai Vangi

(południowoindyjskie curry z bakłażana)

Podaje 4 porcje

Składniki

150g masoor dhal*

sól dla smaku

¼ łyżeczki kurkumy

500 ml/16 ml uncji wody

250 g/9 uncji bakłażana, pokrojonego w cienkie plasterki

1 łyżeczka rafinowanego oleju roślinnego

¼ łyżeczki gorczycy

1 łyżeczka pasty z tamaryndowca

8-10 liści curry

1 łyżeczka proszku sambhar*

metoda

- Wymieszaj dhal masori z solą, szczyptą kurkumy i połową wody. Gotuj na patelni na średnim ogniu przez 40 minut. Odłóż to na bok.
- Gotuj bakłażany z solą i resztą kurkumy i wodą na innej patelni na średnim ogniu przez 20 minut. Odłóż to na bok.
- Rozgrzej olej na patelni. Dodać ziarna gorczycy. Pozwól im kopać przez 15 sekund. Dodaj pozostałe składniki, dhal i bakłażana. Dobrze wymieszaj. Gotuj przez 6-7 minut. Podawać na gorąco.

Pitala

(pikantne curry z mąki)

Podaje 4 porcje

Składniki

250g/9 uncji fasoli*

500 ml/16 ml uncji wody

2 łyżki rafinowanego oleju roślinnego

¼ łyżeczki gorczycy

2 duże cebule, drobno posiekane

6 ząbków czosnku, rozgniecionych

2 łyżki pasty z tamaryndowca

1 łyżeczka garam masali

sól dla smaku

1 łyżka liści kolendry, posiekanych

metoda

- Wymieszaj besan i wodę. Odłóż to na bok.
- Rozgrzej olej na patelni. Dodać ziarna gorczycy. Pozwól im kopać przez 15 sekund. Dodaj cebulę i czosnek. Smaż, aż cebula nabierze złotego koloru.
- Dodaj folder besan. Gotować na małym ogniu, aż zacznie wrzeć.
- Dodaj pozostałe składniki. Smażyć przez 5 minut. Podawać na gorąco.

masala z kalafiora

Podaje 4 porcje

Składniki

1 duży kalafior, wstępnie ugotowany (patrz techniki gotowania) w słonej wodzie

3 łyżki rafinowanego oleju roślinnego

2 łyżki liści kolendry, drobno posiekanych

1 łyżeczka mielonej kolendry

½ łyżeczki mielonego kminku

¼ łyżeczki sproszkowanego imbiru

sól dla smaku

120 ml/4 ml wody

Na sos:

200 g jogurtu

1 łyżka fasoli*, palone na sucho (zob techniki gotowania)

¾ łyżeczki chili w proszku

metoda

- Kalafiora odsączyć i podzielić na różyczki.
- Na patelni rozgrzej 2 łyżki oleju. Dodać kalafiora i smażyć na średnim ogniu na złoty kolor. Odłóż to na bok.
- Wszystkie składniki sosu wymieszać.
- Rozgrzej 1 łyżkę oleju na patelni i dodaj tę mieszankę. Smaż przez minutę.
- Przykryj pokrywką i gotuj przez 8-10 minut.
- Dodaj kalafior. Dobrze wymieszaj. Smażyć przez 5 minut.
- Udekoruj listkami kolendry. Podawać na gorąco.

Shukna Kaça Pepe

(zielone curry z papai)

Podaje 4 porcje

Składniki

150 g/5½ uncji chana dhal*, namoczone przez noc, odsączone i zmielone

3 łyżki rafinowanego oleju roślinnego plus do smażenia

2 całe suche czerwone papryczki chilli

½ łyżeczki nasion kozieradki

½ łyżeczki nasion gorczycy

1 zielona papaja, obrana i starta

1 łyżka kurkumy

1 łyżka cukru

sól dla smaku

metoda

- Podziel pastę dhal na kulki wielkości orzecha włoskiego. Rozwałkować na cienkie krążki.
- Na patelni rozgrzej olej do smażenia. Dodaj dyski. Smażyć na średnim ogniu na złoty kolor. Odcedzamy i kroimy na małe kawałki. Odłóż to na bok.
- Pozostały olej rozgrzej na patelni. Dodaj chilli, kozieradkę i nasiona gorczycy. Pozwól im kopać przez 15 sekund.
- Dodaj pozostałe składniki. Dobrze wymieszaj. Przykryj pokrywką i gotuj na małym ogniu przez 8-10 minut. Dodaj kawałki dhalu. Dobrze wymieszaj i podawaj.

suszona okra

Podaje 4 porcje

Składniki

3 łyżki oleju musztardowego

½ łyżeczki nasion kalonji*

750g/1lb 10oz okra, pokrojona wzdłuż

sól dla smaku

½ łyżeczki chili w proszku

½ łyżeczki szafranu

2 łyżki cukru

3 łyżeczki mielonej musztardy

1 łyżka pasty z tamaryndowca

metoda

- Rozgrzej olej na patelni. Smaż nasiona cebuli i okrę przez 5 minut.
- Dodaj sól, chili w proszku, kurkumę i cukier. Przykryć pokrywką. Gotuj na małym ogniu przez 10 minut.
- Dodaj pozostałe składniki. Dobrze wymieszaj. Gotuj przez 2-3 minuty. Podawać na gorąco.

Kalafior Moghlajski

Podaje 4 porcje

Składniki

5 cm/2 w korzeniu imbiru

2 łyżeczki nasion kminku

6-7 ziaren czarnego pieprzu

500 g/1 funt 2 uncje kalafiora

sól dla smaku

2 łyżki ghee

2 liście laurowe

200 g jogurtu

500ml/16ml mleka kokosowego

1 łyżka cukru

metoda

- Zmiel imbir, kminek i pieprz na gładką pastę.
- Marynuj kalafior z tą pastą i solą przez 20 minut.
- Podgrzej ghee na patelni. Dodaj kwiaty. Smażyć na złoty kolor. Dodaj pozostałe składniki. Dobrze wymieszaj. Przykryj pokrywką i gotuj przez 7-8 minut. Podawać na gorąco.

Bhapa Shorshe Baingana

(Bakłażan w sosie musztardowym)

Podaje 4 porcje

Składniki

2 długie bakłażany

sól dla smaku

¼ łyżeczki kurkumy

3 łyżki rafinowanego oleju roślinnego

3 łyżki oleju musztardowego

2 do 3 łyżek przygotowanej musztardy

1 łyżka liści kolendry, drobno posiekanych

1-2 zielone chilli, drobno posiekane

metoda

- Każdy bakłażan pokroić wzdłuż na 8-12 kawałków. Marynować z solą i szafranem przez 5 minut.
- Rozgrzej olej na patelni. Dodać plastry bakłażana i przykryć pokrywką. Smaż na średnim ogniu przez 3-4 minuty, od czasu do czasu obracając.
- Ubij olej musztardowy z gotową musztardą i dodaj do bakłażanów. Dobrze wymieszaj. Gotuj na średnim ogniu przez minutę.
- Udekoruj liśćmi kolendry i zielonym pieprzem. Podawać na gorąco.

Pieczone warzywa w pikantnym sosie

Podaje 4 porcje

Składniki

2 łyżki masła

4 ząbki czosnku, drobno posiekane

1 duża cebula, drobno posiekana

1 łyżka zwykłej białej mąki

200 g mrożonych mieszanych warzyw

sól dla smaku

1 łyżeczka chili w proszku

1 łyżeczka pasty musztardowej

250ml/8ml ketchupu

4 duże ugotowane i pokrojone ziemniaki

250ml/8ml białego sosu

4 łyżki startego sera cheddar

metoda

- Rozgrzej masło na patelni. Dodaj czosnek i cebulę. Smażyć, aż będzie przezroczysty. Dodaj mąkę i smaż przez minutę.
- Dodaj warzywa, sól, chili w proszku, pastę musztardową i ketchup. Gotuj na średnim ogniu przez 4-5 minut. Odłóż to na bok.
- Nasmaruj naczynie do pieczenia. Ułóż mieszankę warzywną i ziemniaki w naprzemiennych warstwach. Polać białym sosem i serem.
- Piec w temperaturze 200°C (400°F, klasa gazu 6) przez 20 minut. Podawać na gorąco.

Pyszne tofu

Podaje 4 porcje

Składniki

2 łyżki rafinowanego oleju roślinnego

3 małe cebule, posiekane

1 łyżeczka pasty imbirowej

1 łyżka pasty czosnkowej

3 puree z pomidorów

50g/1¾oz ubitego jogurtu greckiego

400 g tofu, pokrojonego na 2,5 cm kawałki

25 g liści kolendry, drobno posiekanych

sól dla smaku

metoda

- Rozgrzej olej na patelni. Dodaj cebulę, pastę imbirową i pastę czosnkową. Smażyć przez 5 minut na średnim ogniu.
- Dodaj pozostałe składniki. Dobrze wymieszaj. Gotuj przez 3-4 minuty. Podawać na gorąco.

aloo baingan

(ziemniaki i bakłażan z curry)

Podaje 4 porcje

Składniki

3 łyżki rafinowanego oleju roślinnego

1 łyżeczka nasion gorczycy

½ łyżeczki asafetydy

1 cm korzeń imbiru, drobno posiekany

4 zielone papryczki chilli pokrojone wzdłuż

10 ząbków czosnku, drobno posiekanych

6 liści curry

½ łyżeczki szafranu

3 duże ziemniaki, ugotowane i pokrojone w kostkę

250 g bakłażana, posiekanego

½ łyżeczki amkoru*

sól dla smaku

metoda

- Rozgrzej olej na patelni. Dodać gorczycę i asafetydę. Pozwól im kopać przez 15 sekund.
- Dodaj imbir, zieloną paprykę, czosnek i liście curry. Smażyć przez 1 minutę, ciągle mieszając.
- Dodaj pozostałe składniki. Dobrze wymieszaj. Przykryj pokrywką i gotuj przez 10-12 minut. Podawać na gorąco.

Curry z groszku cukrowego

Podaje 4 porcje

Składniki

500g/1lb 2oz groszku cukrowego

2 łyżki rafinowanego oleju roślinnego

1 łyżeczka pasty imbirowej

1 duża cebula, drobno posiekana

2 duże ziemniaki, obrane i pokrojone w kostkę

½ łyżeczki szafranu

½ łyżeczki garam masali

½ łyżeczki chili w proszku

1 łyżka cukru

2 duże pomidory, pokrojone w kostkę

sól dla smaku

metoda

- Obierz nitki z końców strąków grochu. Posiekaj zieloną fasolkę. Odłóż to na bok.
- Rozgrzej olej na patelni. Dodaj pastę imbirową i cebulę. Smażyć, aż będzie przezroczysty. Dodaj pozostałe składniki i zieloną fasolkę. Dobrze wymieszaj. Przykryj

pokrywką i gotuj na małym ogniu przez 7-8 minut. Podawać na gorąco.

Curry z ziemniaków i dyni

Podaje 4 porcje

Składniki

2 łyżki rafinowanego oleju roślinnego

1 łyżeczka panch phoron*

wskazówka asafetydy

1 suszona czerwona papryczka chili, połamana na kawałki

1 liść laurowy

4 duże ziemniaki pokrojone w kostkę

200 g pokrojonej w kostkę dyni

½ łyżeczki pasty imbirowej

½ łyżeczki pasty czosnkowej

1 łyżeczka mielonego kminku

1 łyżeczka mielonej kolendry

¼ łyżeczki kurkumy

½ łyżeczki garam masali

1 łyżeczka kokosa*

500 ml/16 ml uncji wody

sól dla smaku

metoda

- Rozgrzej olej na patelni. Dodać foron panch. Pozwól im kopać przez 15 sekund.
- Dodać asafetydę, płatki czerwonej papryczki chilli i liście laurowe. Smaż przez minutę.
- Dodaj pozostałe składniki. Dobrze wymieszaj. Gotuj przez 10-12 minut. Podawać na gorąco.

Jajo Thorana

(pikantna jajecznica)

Podaje 4 porcje

Składniki

60 ml/2 ml rafinowanego oleju roślinnego

¼ łyżeczki gorczycy

2 cebule, drobno posiekane

1 duży pomidor, drobno posiekany

1 łyżeczka świeżo zmielonego czarnego pieprzu

sól dla smaku

4 ubite jajka

25 g/opakowanie 1 uncja świeżego kokosa, rozdrobnionego

50 g liści kolendry, posiekanych

metoda

- Rozgrzać olej na patelni i podsmażyć ziarna gorczycy. Pozwól im kopać przez 15 sekund. Dodaj cebulę i smaż na złoty kolor. Dodaj pomidory, pieprz i sól. Smażyć przez 2-3 minuty.
- Dodaj jajka. Gotować na małym ogniu, ciągle mieszając.
- Udekoruj liśćmi kokosa i kolendrą. Podawać na gorąco.

Baingan Lajawab

(Bakłażan Z Kalafiorem)

Podaje 4 porcje

Składniki

4 duże bakłażany

2 łyżki rafinowanego oleju roślinnego plus dodatkowo do smażenia

1 łyżeczka nasion kminku

½ łyżeczki szafranu

2,5 cm korzenia imbiru, mielonego

2 zielone chilli, drobno posiekane

1 łyżeczka kokosa*

sól dla smaku

100 g mrożonego groszku

metoda

- Każdy bakłażan przekroić wzdłuż i usunąć miąższ.
- Podgrzej olej. Dodać skórki bakłażanów. Smażyć przez 2 minuty. Odłóż to na bok.
- Na patelni rozgrzej 2 łyżki oleju. Dodaj nasiona kminku i kurkumę. Pozwól im kopać przez 15 sekund. Dodaj pozostałe składniki i pulpę z bakłażana. Doprowadzić do wrzenia i gotować na małym ogniu przez 5 minut.
- Ostrożnie wypełnij skórki bakłażanów tą mieszanką. Grilluj przez 3-4 minuty. Podawać na gorąco.

wegetarianin Bahar

(Warzywa w sosie orzechowym)

Podaje 4 porcje

Składniki

3 łyżki rafinowanego oleju roślinnego

1 duża cebula, drobno posiekana

2 duże pomidory, drobno posiekane

1 łyżeczka pasty imbirowej

1 łyżka pasty czosnkowej

20 orzechów nerkowca, zmielonych

2 łyżki mielonych orzechów włoskich

2 łyżki maku

200 g jogurtu

100 g mrożonych mieszanych warzyw

1 łyżeczka garam masali

sól dla smaku

metoda

- Rozgrzej olej na patelni. Dodaj cebulę. Smażyć na średnim ogniu na złoty kolor. Dodaj pomidory, pastę imbirową, pastę czosnkową, orzechy nerkowca, orzechy włoskie i mak. Smażyć przez 3-4 minuty.
- Dodaj pozostałe składniki. Gotuj przez 7-8 minut. Podawać na gorąco.

faszerowane warzywa

Podaje 4 porcje

Składniki

4 małe ziemniaki

100 g okry

4 małe bakłażany

4 łyżki rafinowanego oleju roślinnego

½ łyżeczki nasion gorczycy

wskazówka asafetydy

Do nadzienia:

250g/9 uncji fasoli*

1 łyżeczka mielonej kolendry

1 łyżeczka mielonego kminku

½ łyżeczki szafranu

1 łyżeczka chili w proszku

1 łyżeczka garam masali

sól dla smaku

metoda

- Wszystkie składniki nadzienia wymieszać. Odłóż to na bok.
- Pokrój ziemniaki, okrę i bakłażany. Nadzienie z nadzieniem. Odłóż to na bok.
- Rozgrzej olej na patelni. Dodać gorczycę i asafetydę. Pozwól im kopać przez 15 sekund. Dodać faszerowane warzywa. Przykryj pokrywką i gotuj na małym ogniu przez 8-10 minut. Podawać na gorąco.

singh aloo

(Bęben Ziemniaczany)

Podaje 4 porcje

Składniki

5 łyżek rafinowanego oleju roślinnego

3 małe cebule, drobno posiekane

3 zielone chilli, drobno posiekane

2 duże pomidory, drobno posiekane

2 łyżeczki mielonej kolendry

sól dla smaku

5 indyjskich pałeczek*, pokroić na kawałki o boku 7,5 cm

2 duże ziemniaki, pokrojone w plasterki

360 ml/12 ml uncji wody

metoda

- Rozgrzej olej na patelni. Dodaj cebulę i paprykę. Smaż je na małym ogniu przez minutę.
- Dodaj pomidory, mieloną kolendrę i sól. Smażyć przez 2-3 minuty.
- Dodaj patyki, ziemniaki i wodę. Dobrze wymieszaj. Gotuj przez 10-12 minut. Podawać na gorąco.

Sindhi Curry

Podaje 4 porcje

Składniki

150g masoor dhal*

sól dla smaku

1 litr / 1 ¾ litra wody

4 drobno pokrojone pomidory

5 łyżek rafinowanego oleju roślinnego

½ łyżeczki nasion kminku

¼ łyżeczki nasion kozieradki

8 liści curry

3 zielone papryczki chilli pokrojone wzdłuż

¼ łyżeczki asafetydy

4 łyżki fasoli*

½ łyżeczki chili w proszku

½ łyżeczki szafranu

8 okr, pokrojonych wzdłuż

10 fasoli francuskiej, pokrojonej w kostkę

6-7 kokum*

1 duża marchewka pokrojona w julienne

1 duży ziemniak, pokrojony w kostkę

metoda

- Wymieszaj dhal z solą i wodą. Gotuj tę mieszaninę na patelni na średnim ogniu przez 45 minut, od czasu do czasu mieszając.
- Dodaj pomidory i gotuj przez 7-8 minut. Odłóż to na bok.
- Rozgrzej olej na patelni. Dodaj nasiona kminku i kozieradki, liście curry, zielony pieprz i asafetydę. Niech krzyczą przez 30 sekund.
- Dodaj besan. Smażyć przez minutę, ciągle mieszając.
- Dodaj pozostałe składniki i mieszankę dhal. Homogenizować. Smażyć przez 10 minut. Podawać na gorąco.

Gulnar Kofta

(Kuleczki paneer na szpinaku)

Podaje 4 porcje

Składniki

150 g mieszanych suszonych owoców

200 g/7 uncji khoya*

4 duże ugotowane i starte ziemniaki

Paneer 150 g/5½ uncji*, zerwać

100 g sera cheddar

2 łyżki mąki kukurydzianej

Rafinowany olej roślinny do smażenia

2 łyżki masła

100 g drobno posiekanego szpinaku

1 łyżeczka zwykłej śmietany

sól dla smaku

Na mieszankę przypraw:

2 goździki

1 cm / ½ w cynamonie

3 ziarna czarnego pieprzu

metoda

- Wymieszaj suszone owoce z khoya. Odłóż to na bok.
- Zmiel wszystkie składniki mieszanki przypraw. Odłóż to na bok.
- Ziemniaki, paneer, ser i mąkę kukurydzianą wymieszać na ciasto. Z ciasta uformować kulki wielkości orzecha włoskiego i spłaszczyć na placki. Umieść porcję mieszanki suszonych owoców khoya na każdym dysku i zamknij jak worek.
- Spłaszczyć kulki wielkości orzecha włoskiego, aby zrobić koftę. Odłóż to na bok.
- Rozgrzej olej na patelni. Dodać kofty i smażyć na średnim ogniu na złoty kolor. Odcedź i zachowaj na talerzu.
- Rozgrzej masło na patelni. Dodaj zmieloną mieszankę przypraw. Smaż przez minutę.
- Dodaj szpinak i gotuj przez 2-3 minuty.
- Dodaj śmietanę i sól. Dobrze wymieszaj. Wlej tę mieszankę na koftę. Podawać na gorąco.

Paneer Korma

(Bogate Paneer Curry)

Podaje 4 porcje

Składniki

500g/1lb 2oz*

3 łyżki rafinowanego oleju roślinnego

1 duża cebula, posiekana

2,5 cm / 1 cal korzenia imbiru, zwiędły

8 ząbków czosnku, rozgniecionych

2 zielone chilli, drobno posiekane

1 duży pomidor, drobno posiekany

¼ łyżeczki kurkumy

½ łyżeczki mielonej kolendry

½ łyżeczki mielonego kminku

1 łyżeczka chili w proszku

½ łyżeczki garam masali

125 g jogurtu

sól dla smaku

250ml/8ml uncji wody

2 łyżki liści kolendry, drobno posiekanych

metoda

- Zmiel połowę panelu i pokrój resztę na 1-calowe kawałki.
- Rozgrzej olej na patelni. Dodaj elementy panelu. Smaż je na średnim ogniu, aż nabiorą złotego koloru. Biegaj i rezerwuj.
- Na tym samym oleju smaż cebulę, imbir, czosnek i zieloną paprykę na średnim ogniu przez 2-3 minuty.
- Dodaj pomidora. Smażyć przez 2 minuty.
- Dodaj kurkumę, mieloną kolendrę, mielony kminek, chili w proszku i garam masala. Dobrze wymieszaj. Smażyć przez 2-3 minuty.
- Dodaj jogurt, sól i wodę. Dobrze wymieszaj. Gotuj przez 8-10 minut.
- Dodaj smażone kawałki paneera. Dobrze wymieszaj. Smażyć przez 5 minut.
- Dekorujemy posiekanymi liśćmi i kolendrą. Podawać na gorąco.

Chutney Ziemniaczany

Podaje 4 porcje

Składniki

100 g liści kolendry, drobno posiekanych

4 zielone papryki

Korzeń imbiru 2,5 cm/1 cal

7 ząbków czosnku

25 g/opakowanie 1 uncja świeżego kokosa, rozdrobnionego

1 łyżka soku z cytryny

1 łyżeczka nasion kminku

1 łyżeczka nasion kolendry

½ łyżeczki szafranu

½ łyżeczki chili w proszku

sól dla smaku

750 g dużych ziemniaków, obranych i pokrojonych w kostkę

4 łyżki rafinowanego oleju roślinnego

¼ łyżeczki gorczycy

metoda

- Wmieszaj liście kolendry, zielone chilli, imbir, czosnek, kokos, sok z cytryny, kminek i nasiona kolendry. Zmiel tę mieszaninę na drobną pastę.
- Wymieszaj tę pastę z kurkumą, chili w proszku i solą.
- W tej mieszance marynuj ziemniaki przez 30 minut.
- Rozgrzej olej na patelni. Dodać ziarna gorczycy. Pozwól im kopać przez 15 sekund.
- Dodaj ziemniaki. Gotuj je na małym ogniu przez 8-10 minut, od czasu do czasu mieszając. Podawać na gorąco.

LOBBY

(Czarnooki curry)

Podaje 4 porcje

Składniki

400g groszku czarnookiego, namoczonego przez noc

Szczypta sody oczyszczonej

sól dla smaku

1,4 litra / 2½ litra wody

1 duża cebula

4 ząbki czosnku

3 łyżki ghee

2 łyżeczki mielonej kolendry

1 łyżeczka mielonego kminku

1 łyżeczka kokosa*

½ łyżeczki garam masali

½ łyżeczki chili w proszku

¼ łyżeczki kurkumy

2 pokrojone w kostkę pomidory

3 zielone chilli, drobno posiekane

2 łyżki liści kolendry,

drobno posiekane

metoda

- Zmieszaj zielony groszek z sodą oczyszczoną, solą i 1,2 litra/2 litry wody. Gotuj tę mieszaninę na patelni na średnim ogniu przez 45 minut. Biegaj i rezerwuj.
- Zmiel cebulę i czosnek na pastę.
- Podgrzej ghee na patelni. Dodać pastę i smażyć na średnim ogniu na złoty kolor.
- Dodaj ugotowany groszek, pozostałą wodę i wszystkie pozostałe składniki oprócz liści kolendry. Gotuj przez 8-10 minut.
- Udekoruj listkami kolendry. Podawać na gorąco.

Warzywo Khatta Meetha

(słodko-kwaśne warzywa)

Podaje 4 porcje

Składniki

1 łyżka mąki

1 łyżka octu słodowego

2 łyżki cukru

50 g kapusty pokrojonej w długie paski

1 duża zielona papryka pokrojona w paski

1 duża marchewka pokrojona w paski

50 g/1¾ uncji fasoli francuskiej, pokrojonej i przyciętej

100 g / 3½ uncji młodej kukurydzy

1 łyżka rafinowanego oleju roślinnego

½ łyżeczki pasty imbirowej

½ łyżeczki pasty czosnkowej

2-3 zielone papryczki chilli, drobno posiekane

4-5 drobno posiekanych cebul

125g przecieru pomidorowego

120ml/8ml ketchupu

sól dla smaku

10 g liści kolendry, drobno posiekanych

metoda

- Mąkę wymieszać z octem i cukrem. Odłóż to na bok.
- Wmieszaj kapustę, zieloną paprykę, marchewkę, fasolkę szparagową i kukurydzę. para (zob techniki gotowania) tę mieszaninę w parowniku przez 10 minut. Odłóż to na bok.
- Rozgrzej olej na patelni. Dodaj pastę imbirową, pastę czosnkową i chilli. Smażyć przez 30 sekund.
- Dodać dymkę. Smażyć przez 1-2 minuty.
- Dodaj ugotowane na parze warzywa i przecier pomidorowy, ketchup i sól. Gotuj na małym ogniu przez 5-6 minut.
- Dodaj pastę z mąki. Gotuj przez 3-4 minuty.
- Udekoruj listkami kolendry. Podawać na gorąco.

dahiwale chole

(Cubs w śmietanie)

Podaje 4 porcje

Składniki

500 g ciecierzycy namoczonej przez noc

Szczypta sody oczyszczonej

sól dla smaku

1 litr / 1 ¾ litra wody

3 łyżki ghee

2 duże cebule, posiekane

1 łyżeczka imbiru, posiekanego

150 g jogurtu

1 łyżeczka garam masali

1 łyżeczka mielonego kminku, uprażonego (zob techniki gotowania)

½ łyżeczki chili w proszku

¼ łyżeczki kurkumy

1 łyżeczka kokosa*

½ łyżki orzechów nerkowca

½ łyżki rodzynek

metoda

- Ciecierzycę wymieszać z sodą oczyszczoną, solą i wodą. Gotuj tę mieszaninę na patelni na średnim ogniu przez 45 minut. Biegaj i rezerwuj.
- Podgrzej ghee na patelni. Dodaj cebulę i imbir. Smaż je na średnim ogniu, aż cebula będzie przezroczysta.
- Dodaj ciecierzycę i pozostałe składniki oprócz orzechów nerkowca i rodzynek. Dobrze wymieszaj. Gotuj na małym ogniu przez 7-8 minut.
- Udekoruj orzechami nerkowca i rodzynkami. Podawać na gorąco.

Teekha Papad Bhaji*

(Pikantne Danie Poppadam)

Podaje 4 porcje

Składniki

1 łyżka rafinowanego oleju roślinnego

¼ łyżeczki gorczycy

¼ łyżeczki nasion kminku

¼ łyżeczki nasion kozieradki

2 łyżeczki mielonej kolendry

3 łyżki cukru

sól dla smaku

250ml/8ml uncji wody

6 poppadamów, posiekanych

1 łyżka liści kolendry, posiekanych

metoda

- Rozgrzej olej na patelni. Dodać gorczycę, kminek i nasiona kozieradki, mieloną kolendrę, cukier i sól. Niech krzyczą przez 30 sekund. Dodaj wodę i gotuj przez 3-4 minuty.
- Dodaj kawałki poppadamu. Gotuj przez 5-7 minut. Udekoruj listkami kolendry. Podawać na gorąco.

www.ingramcontent.com/pod-product-compliance
Lightning Source LLC
Chambersburg PA
CBHW070412120526
44590CB00014B/1372